新基建

为中国经济注入新活力

吴家富　王彦　王喜文　著

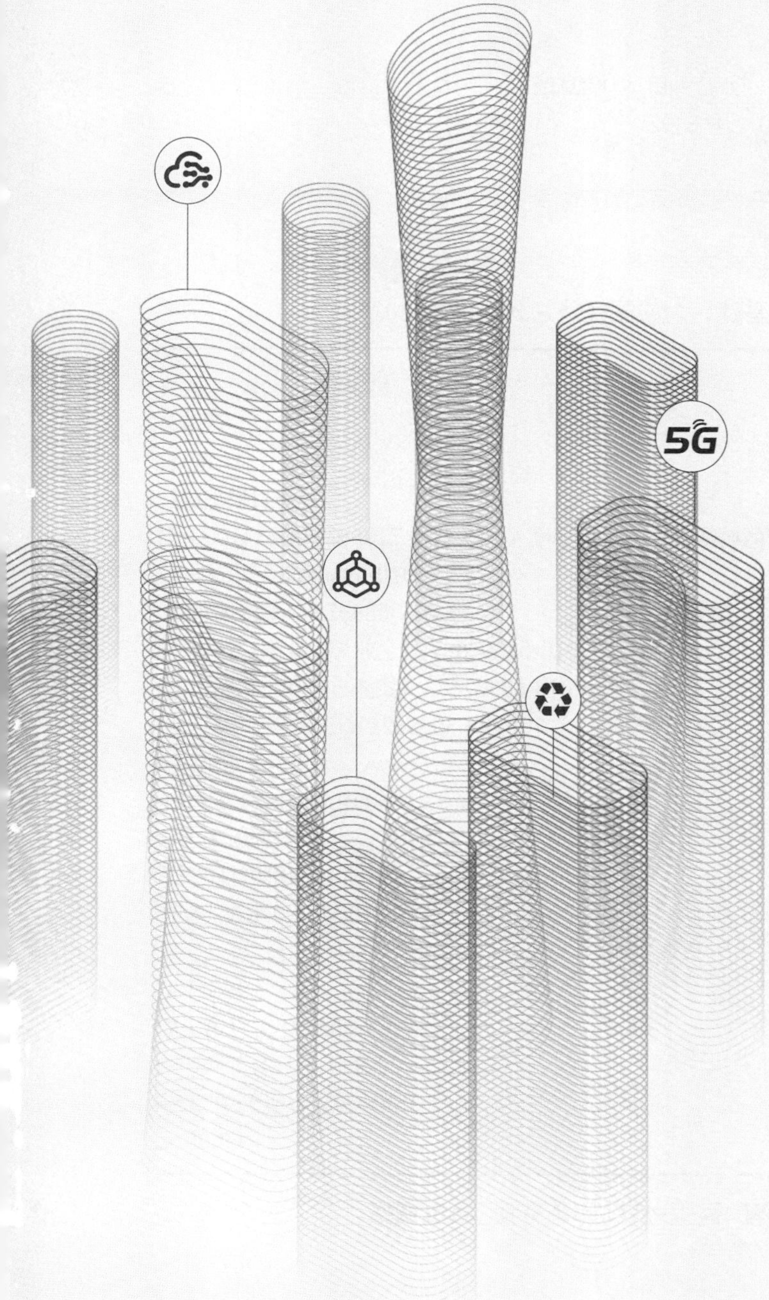

经济日报出版社

图书在版编目（C I P）数据

新基建：为中国经济注入新活力 / 吴家富，王彦，
王喜文著．-- 北京：经济日报出版社
2020.11
ISBN 978-7-5196-0732-6

Ⅰ．①新… Ⅱ．①吴… ②王… ③王… Ⅲ．①信息经
济—经济发展—研究—中国 Ⅳ．① F492

中国版本图书馆 CIP 数据核字 (2020) 第 226776 号

新基建：为中国经济注入新活力

作　　者	吴家富　王　彦　王喜文
责任编辑	黄芳芳
责任校对	童　玲
出版发行	经济日报出版社
地　　址	北京市西城区白纸坊东街 2 号 A 座综合楼 710(邮政编码 :100054)
电　　话	010-63567684（总编室）
	010-63584556（财经编辑部）
	010-63567687（企业与企业家史编辑部）
	010-63567683（经济与管理学术编辑部）
	010-63538621 63567692（发行部）
网　　址	www.edpbook.com.cn
E - mail	edpbook@126.com
经　　销	全国新华书店
印　　刷	中国电影出版社印刷厂
开　　本	710×1000 毫米　1/16
印　　张	11
字　　数	165 千字
版　　次	2021 年 1 月第 1 版
印　　次	2021 年 1 月第 1 次印刷
书　　号	ISBN 978-7-5196-0732-6
定　　价	68.00 元

读者赞誉

刘大成　清华大学互联网产业研究院副院长兼物流产业研究中心主任、博导

本书既有理论创新又有实用性解读。“新基建”是中国经济新常态和确立“双循环”发展模式后的创新投资消费途径，具有继承性并与传统基建相互衔接又互为补充，其中数字经济已在我国 GDP 占比约 1/3，解决了近 2 亿人就业问题，实现了大规模的自雇性就业，而其规模增大后的边际成本趋于零的属性更为中国参与全球产业链竞争添上了双翅，特高压更是利用煤电运一体化实现了供应链的系统资源配置优化。

陈远明　美国硅谷能源科技公司 CEO、京师妙笔智能科技股份有限公司高管

数字经济的到来，引发了世界范围内经济社会的新一轮变革，基础设施建设领域产业链的优化升级得以加速，数字经济对创新发展的引领作用愈发突出，为中国经济注入了新活力。本书阐述了新时代迸发的新需求，“新基建”带来的一系列新机遇，为我们勾画了一幅智能社会新图景。数字经济的核心是数据，数据化就是智能化，我们作为一家智能教育公司，面向基础教育提供智能教育生态的定制开发与建设，面向高等教育提供以立德树人为目标的智能教育服务方案，同时要成为国内最强的教育区块链定制开发与建设的专业服务商，这本书为我们的产品、技术、方案的落地提供了很好的思路。

许正　GE（中国）原副总裁、直方大创新中心创始人

“新基建”既是国家后疫情时代经济发展的大规模投资计划，也是以科技创新为引领的国家发展战略。本书为我们描摹了“新基建”带来的新机遇，也展望了其令人振奋的新图景和新未来，值得关注这一重大议题的人们都来关注和阅读。

王海平　中国生产力学会副秘书长

“新基建”是数字经济融合、赋能传统产业的过程，是传统产业改革与供给侧结构性改革相结合的过程，也是战略新兴产业高质量发展、更好地开拓新市场的过程。

王中杰　城投通研究院院长

城投投资“新基建”，首先学习《新基建：为中国经济注入新活力》这本书。

王晓鹏　北京释码大华科技有限公司 CEO

“新基建”是面向未来的、空间巨大的数字化“高速公路”的建设，意义非凡。本书以战略化格局的视角，诠释了“新基建”对从国家到民生的重要机遇与蓝图。

余平　精进电动科技股份有限公司董事长

“新基建”是以新发展理念为指引，以新技术突破为驱动，以新生产模式和新的生产关系为抓手，面向以信息化、网络化、高质量发展的“新社会”所诞生出来的新型基础设施建设。因此，“新基建”具有许多有别于传统基建的特点和问题，其中最显著的特点是科技创新成色十足和产业变革异常活跃。本书从科技创新视角去剖析“新基建”的新特征，从新兴产业和传统产业的对比来诠释“新基建”带来的新的市场关系，让读者切实体会到“新基建”在全球疫情笼罩下的特殊时期所创造出来的社会发展新机会和新思考方向。

前 言

我国数字经济和智能经济的快速发展、数字中国和智能社会的加速建设，对 5G、物联网、卫星互联网、大数据中心、人工智能和区块链等新型基础设施产生了广阔需求。

2020 年以来，从中央密集部署，到资本市场热捧，“新基建”正式站上全社会关注的风口。与传统的基础设施建设相比，“新基建”是以科技创新为驱动，以通信网络、新技术和算力为基础，面向经济社会高质量发展需要，提供数字化转型、智能化升级、融合化创新等所需的基础设施体系，主要包括：5G、物联网、工业互联网、卫星互联网、人工智能、云计算、区块链、数据中心、智能计算中心、智能交通基础设施和智慧能源基础设施等领域。

以北京、上海和重庆等直辖市为代表的许多地方政府也积极把握国家“新基建”大规模投资构想战略布局的机遇，顺势打造推出了各自版本的“新基建”，纷纷围绕扩总量、优存量、提质量，加快构建以传统主导产业为支撑、以战略新兴产业为引领的现代产业体系，不断谋求产业升级，追求更高质量发展。

可以说，“新基建”是后疫情时代刺激经济复苏的大规模投资计划，是“十四五”期间的重点任务，是应对全球第四次工业革命的国家战略。因此，对于企业和个人来讲，“新基建”将是一个难得的历史性机遇。我们相信，随着“新基建”的大规模开展，我国经济社会将实现新一轮的升级。“新基建”也将成为点亮中国经济的一盏明灯。

序言一

“新基建”赋能数字中国

随着新一轮科技革命和产业变革的到来，加速布局“新基建”已经被公认为我国实现多项战略目标的关键之举。

“新基建”最早是在 2018 年底中央经济工作会议上提出的，主要内容是加快 5G 网络、人工智能、数据中心、工业互联网等新型基础设施建设。“新基建”不同于以往的基建，是数字化、智能化的基建，是转型升级的基建。一个“新”字体现了党中央的高瞻远瞩，代表着未来发展趋势。也因此，新型基础设施建设成为中国经济发展的新驱动力，进入到国家战略层面的谋划中。

2020 年 2 月 14 日，习近平总书记在《关于推动基础设施高质量发展的意见》中为“新基建”明确了方向。他指出，“基础设施是社会发展的重要支撑，要以整体优化、协同融合为导向，统筹存量和增量、传统和新型基础设施发展，打造集约高效、经济适用、智能绿色、安全可靠的现代化基础设施体系”。在疫情全球大流行、世界经济持续下行，世界经贸形势不确定的背景下，“新基建”具备兼顾稳增长、促创新和高质量发展的大任。

《中共中央关于制定国民经济和社会发展第十四个五年规划和二〇三五年远景目标的建议》中提出，以国家大循环为主体，国内国际双循环相互促进的新发展格局将引导未来 5 年中国经济的发展，成为中国经济中长期发展的主线。新发展格局对“新基建”提出了新的要求——以扩大内需为平台，进一步扩大开放。在这一主题下统筹整合、加速推进，包括推进新型城镇化和基础设施建设。围绕数字化与智能化，全面加强自主创新，集中力量攻克高端制造与智能制造的一系列技术难题，形成一批有重大国际影响的创新产品，稳步提升中国制造业在全球价值链中的地位。在物联网、人工智能、航空航天等领域形成一批对未来发展有重要影响的高科技成果，为国民经济可持续发展注入强大的新动能。

在举国上下全面学习“十四五”规划精神，聚精会神抓建设的时候，《新基建：为中国经济注入新活力》一书应运而生，恰到好处。本书从新需求、新机遇、新未来为读者展现一个全新的思维和视角，让读者对数字经济产生无限的遐想和期待，对“新基建”的未来充满浓郁的兴趣和关注。从短期来看，“新基建”在疫情期间发挥了稳投资、扩内需和增就业的作用；从长远发展来看，“新基建”是提升全要素生产率，实现经济高质量发展的重要支撑。书读到一半的时候，笔者禁不住会停下来想问：“新基建”的步伐能不能走得再快一些？

《新基建：为中国经济注入新活力》全书从 5G、卫星互联网、物联网、工业互联网、人工智能、区块链、云计算、大数据中心、智能交通、智慧能源等多方面，深入地诠释了“新基建”的内涵；通过案例研究为“新基建”的应用描绘了多个典型场景；通过认真分析和数据比对，让理论工作者和实践工作者对“新基建”有了更加理性的认识。本书在复杂的应用场景和创新之间做出了缜密的选择，在理念与方法上做出系统的研判，把晦涩难懂技术性强的专业名词匹配上生动鲜明的大众词汇。如，“新动脉”“新粮仓”“高速公路”等，言简意赅，耐人寻味，方便广大读者去理解和感受数字经济带来的饕餮盛宴。

本书与读者一起分享科技成果的喜悦，不仅给科技工作者、政府官员、学者、企业从业人员提供参研依据，也给学生、教师群体带来案例课堂体验。本书观点新颖，通俗易懂，给读者耳目一新的感觉，读罢热血沸腾，联想翩翩，对中国数字经济未来充满信心，轻松翱翔在数字天空里……

希望本书能给“新基建”的广大参与者、关注者和对“新基建”感兴趣的朋友带来些许帮助。

最后也借《新基建：为中国经济注入新活力》一书出版之际，祝愿我国新型基础设施建设取得更大成效。

蒋志刚

国家开发银行行务委员、全国政协丝路规划研究中心副理事长兼秘书长

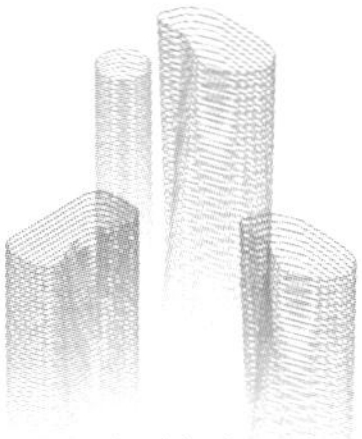

序言二

“新基建”为数字化时代增添了一抹亮色

当今社会正处于前所未有的大变局之中，数字化时代的到来正是重要标志。一方面，经济要素的配置方式和价值形态越来越数字化；另一方面，人们的消费行为和生活方式越来越互联网化、移动终端化，并且形成了路径依赖。

自然地，“新基建”作为数字化基础设施的解决方案，成为社会普遍关注的热点。中央工作会议提出，要加快 5G 网络、数据中心、工业互联网等新型基础设施建设进度。特别是突如其来的新冠疫情暴发后，工业互联网、人工智能、5G 等在疫情防控、复工复产等方面发挥了积极作用，“新基建”成了关乎中国经济提振、产业转型升级的关键。

在此背景之下，《新基建：为中国经济注入新活力》一书问世了。作者有清华的教育背景，长期致力于战略性新型产业的投资和经营实践，使之以敏锐的洞察力和独特视角，以创新的思维和审慎的研判诠释对新基建的理解。

《新基建：为中国经济注入新活力》从技术、产业、生态以及经济、社会和人文角度为“新基建”未来发展进行预测和展望：“新基建”将赋能制造业数字化转型，催生“新制造”；“新制造”体现在新技术和制造业的深度融合；在工业互联领域，“新基建”将构建一个全新网络，让数据流动起来，然后从数据中挖掘价值；将人工智能引入工业制造，其实就是让人工智能作为人类的代理人，革命性的改变工业制造的全领域和全流程，成为产业核心；5G 让一切以往受限于网络接入而不能实现的场景，都变得简单可行，真正实现万物互联互通。这本书还特别提出，人工智能技术是最优的，但不一定都是最可行的，应当从社会经济和人文的角度给予更多的关注，使之统筹协调、有序推进、健康发展。

《新基建：为中国经济注入新活力》为数字化时代增添了一抹亮色，体现了三位作者深厚的理论功底和实践洞察，对“新基建”的顶层设计和实现路径都有参考价值，值得一读。

王慧轩

紫光集团有限公司董事、联席总裁

目 录

CHAPTER 1

第一章

新时代 新需求

2020年3月4日，中共中央政治局常务委员会会议强调，加快5G网络、数据中心等新型基础设施建设进度。“新型基础设施”成为了资本市场逆势走强的板块，同时也成为了未来几年社会发展的新动向。

第一节

未来经济社会的“代际”飞跃

传统基础设施建设，简称“老基建”。按照国家发展改革委2016年公布的《传统基础设施领域实施政府和社会资本合作项目工作导则》，明确传统基础设施包括能源、交通运输、水利、环境保护、农业、林业以及重大市政工程等领域。

与之相对应，所谓的“新基建”主要包括5G、卫星互联网、物联网、大数据中心、云计算、人工智能、工业互联网、区块链、智能交通以及智慧能源等重点领域（图1-1）。

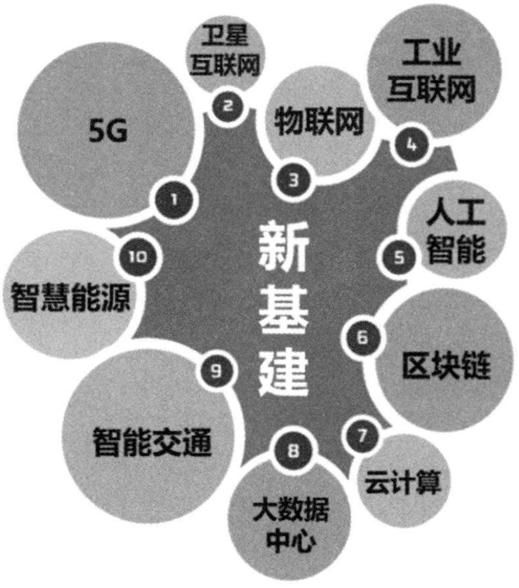

图1-1 新基建的构成

在疫情全球大流行、全球第四次工业革命的背景下，“新基建”兼顾了稳增长和促创新的双重任务，无疑是未来经济发展新增长点，具有很强的带动效应、放大效应和乘数效应。

国家统计局数据显示，尽管我国是基础设施建设大国，但人均基础设施存量仅相当于发达国家的20%～30%，建设前景广阔。以数字技术为代表的新科技及其应用创新催生的“新基建”，开辟了基础设施建设的新空间。

现代化强国建设需要以现代化产业体系、现代化创新体系和现代化基础设施体系为支撑，这也是新基建的直接使命。随着中国经济从高速增长阶段转向高质量发展阶段，原有基础设施体系的不适应性问题更加凸显。基于新时代、新使命，基础设施体系也必然要进行战略性调整，这对“新基建”的支撑能力提出了更高的要求。与此同时，未来30年，现代化强国建设的目标任务是明确的，在民生、新科技、新产业、区域发展、新能源、国家安全与治理等方面，都存在大量的“新基建”投资需求，以拉动有效投资。“新基建”也是带动传统基础设施体系转型升级、支撑未来数字经济时代的关键基础设施，是具有质的“代际”飞跃特征的软硬件基础设施，是提高发展质量的重要支撑（图1-2）。

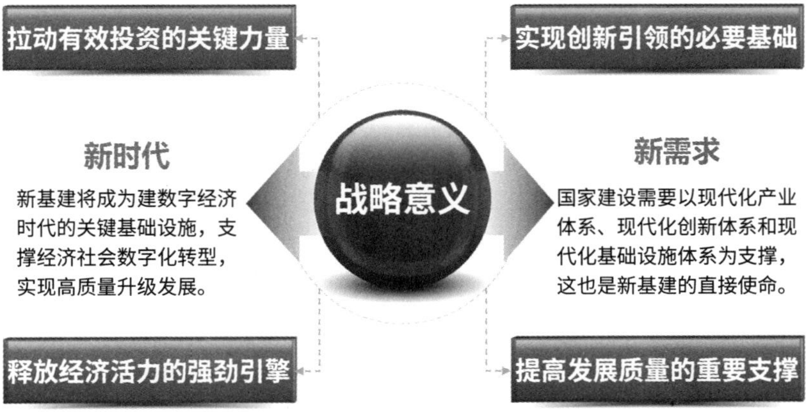

图1-2 新基建的战略意义

从生产要素、生产力、生产关系、生产工具等不同视角看，人类社会正在从信息社会转向智能社会，经济形态正在发生巨大转变，基础设施体系也在发生相应的变化。“新基建”将保障物质流、能量流、信息流的数字化、网络化、智能化，将使人类社会、信息空间、物理空间深度融合，释放经济活力，实现创新引领。

第二节

为什么是“新基建”？

早在2018年12月的中央经济工作会议就提出了“加快5G商用步伐，加强人工智能、工业互联网、物联网等新型基础设施建设”的说法。而2019年7月的中央政治局会议上再次重点提及“新基建”，明确提出“稳定制造业投资，实施城镇老旧小区改造、城市停车场、城乡冷链物流设施建设等补短板工程，加快推进信息网络等新型基础设施建设。”

紧接着的又一次讨论疫情与经济发展问题的政治局常委会在2020年3月4日召开。此次会议既有对以往精神的继承，即坚决稳定经济，从稳定消费与稳定投资下手，将新老基建相结合，又有一些增量信息，即消费的重要性提升，重视“新基建”，重点提及5G与数据中心，因为这些基建与疫情催生的新型消费、升级消费密切相关。这种新认识就是观察到疫情催生出新型消费和升级消费，把危机转化成产业发展的机遇，将“新基建”与新消费相连。

5G是国家发展的重要方向，国家将围绕5G展开大量产业链的投资，而疫情催化带来了先于正常节奏下的5G应用端的需求，倒逼5G产业链上游的投资加速。而数据中心与大数据、云计算产业发展密切相关，也是此次疫情下火热的云办公、云视频、云直播的重要基础设施。这都表明，“新基建”与5G发展的大趋势相连，将带动后续持续的信息消费需求，增量价值更大。

阿里巴巴的成功是用互联网技术对传统零售业的改造，腾讯微信的成功是用移动互联网技术对传统社会交往方式的改造，今日头条、抖音等企业的成功是基于4G流畅的网速与短视频技术对传统阅读和娱乐方式的改造……

“新基建”主要立足于科技端的基础设施建设，一方面促进智慧城市、智能交通、智慧能源的发展；另一方面构建5G、人工智能、数据中心、工业互联网等科技创新领域的基础设施，形成智能教育、智能医疗、智能健康与养老等重大民生领域的消费升级。

所以，发力于科技端的“新基建”，从短期来看，在当前新冠肺炎疫情冲击的特定背景下，对于稳增长、稳就业、优结构、挖潜力的现实意义，更是十分明显。一方面，有助于扩大有效投融资，在形成网络建设投资的同时，吸引国民经济各行业加大对新一代信息通信技术项目的资本投入。以5G为例，来自中国信息通信研究院的数据显示，预计2020—2025年可直接拉动电信运营商网络投资1.1万亿元，拉动垂直行业网络和设备投资0.47万亿元；另一方面，有助于扩大和升级信息消费。同样以5G为例，预计2020—2025年，5G商用将带动1.8万亿元的移动数据流量消费、2万亿元的信息服务消费和4.3万亿元的终端消费。

从中期来看，“新基建”将成为“十四五”布局重点，支撑数字经济的蓬勃发展，推动数字经济和实体经济深度融合，释放巨大的发展潜力。部分发达国家数字经济比重已经超过50%；我国数字经济2018年名义增长20.9%，远超同期GDP增速，对GDP增长的贡献率达到67.9%。“新基建”将为未来五年数字经济的发展奠定基础。

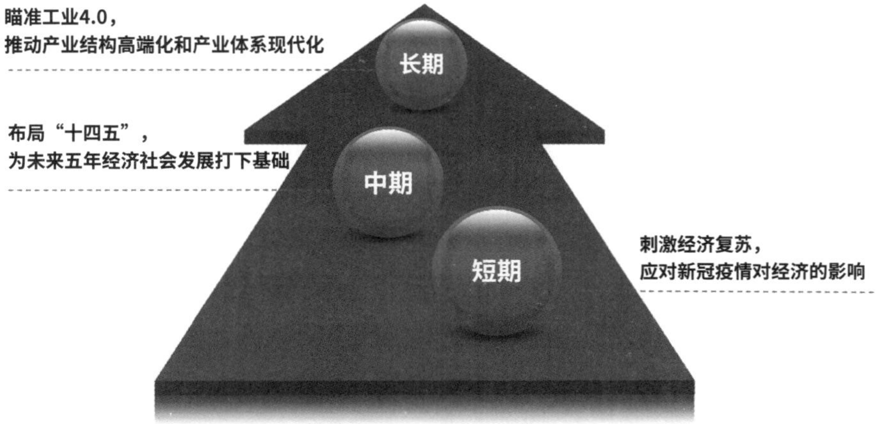

图1-3 新基建的目的

从长期来看，瞄准工业4.0，通过“新基建”推动产业结构高端化和产业体系现代化（图1-3）。回顾历史，铁路、公路、电网等基础设施支撑了分别以机械化、电气化、自动化为特征的三次工业革命，“新基建”则将助力数字化、网络化、智能化发展，推动产业结构高端化和产业体系现代化，成为战略性新兴产业发展和第四次工业革命的关键依托。

所以，“新基建”是以新经济推动和引领国民经济高质量发展全局的重大战略举措。

第三节

“以新带旧”何以成为可能？

当前，新一轮科技革命与产业变革正在加速催生基础设施体系变革，同时也引发思想观念的转变，生产、生活、组织方式和制度的变革。“新基建”是近期稳就业、稳投资等“六稳”工作的重要抓手，是未来15年夯实产业基础、孕育科技创新、畅通经济内外循环、带动新消费、促进数字化转型的基石，更是要为未来30年长远发展打下坚实基础，创造发展新机遇、塑造发展新活力。

经过40多年的改革开放，我国已从一个经济总量排在世界十余位、人均国民收入排在世界一百多位的落后大国，迅速发展成为经济总量世界第二、人均国民收入达到中等收入经济体上半区（2019年升高至1万美元以上）的新兴市场经济国家。但客观地评价，几十年粗放式的发展过程中已成“世界工厂”的中国，还未能具备引领科技创新世界潮流的高端能力和前沿水平。

要想从“中国制造”向“中国创造”“中国智造”的新转型升级，必须积极发挥“科技第一生产力”的乘数效应空间，使新一代信息通信技术的开发和运用逐步上升到世界领先状态。

当然，“新基建”投资就是面向全局和长远发展的基础性、战略性、先导性、引领性投资，必须确保科技体系更创新、工程体系更健全、融合应用更深化，才能为带动传统基础设施体系转型升级提供强大的“以新带旧”的驱动力。

“新基建”发展的主要动力来自创新推动、数字赋能和需求拉动。要努力探究科学新发现、技术新发明、产业新方向、发展新理念，从基础设施源头创新突破，才能塑造更多依靠创新驱动、发挥先发优势的引领性发展，才能面向未来，培植发展新动能、拓展发展新空间。

因此，未来我们不断细化“新基建”未来战略布局，切实落地“统筹存量和增量、传统和新型基础设施发展”的要求，坚持“以新带旧”的原则，将基础设施投资逐步从传统领域转向新兴领域，有序推进十大“新基建”领域建设，促进新旧基础设施体系互联互通、开放共享，加速整体转型升级，支撑经济社会数字化转型和新旧动能转换。

第四节

智能时代的路线图

目前，许多省市纷纷将5G、数据中心、人工智能等“新基建”作为2020年投资重点项目并加大投资力度。未来的“新基建”要在现代化强国建设愿景下科学规划、统筹协调、有序推进；要以高质量发展为要求、以为未来国家发展奠基为目标，将资金投入到符合新发展理念的重要领域；还要统筹协调好政府、地方、企业、社会各种资源，科学谋划，从规划政策、资金等多方面多维度予以引导和扶持，从政府、市场和社会三个方面协同推动新基建未来蓝图的实现。

一、上海

2020年5月7日，《上海市推进新型基础设施建设行动方案（2020—2022年）》出炉。上海版“新基建”“35条”提出，到2022年底，推动全市新型基础设施建设规模和创新能级迈向国际一流水平；初步梳理排摸了未来三年实施的第一批48个重大项目和工程包，预计总投资约2700亿元，包括新建3.4万个5G基站，新建一批科技和产业基础设施，新建10万个电动汽车充电桩，新增1.5万台以上智能配送终端等。

具体来看，上海版新基建的重点领域，包括以新一代网络基础设施为主的“新网络”建设；以创新基础设施为主的“新设施”建设；以人工智能等一体化融合基础设施为主的“新平台”建设；以智能化终端基础设施为主的“新终端”建设（图1-4）。

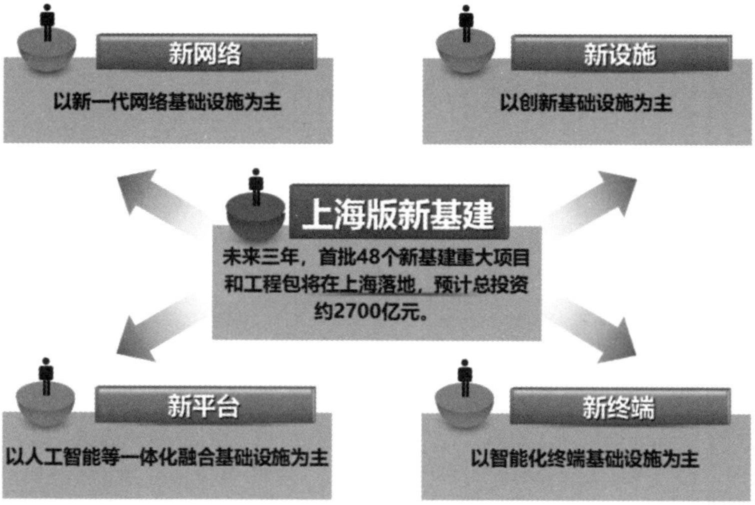

图1-4 上海版“新基建”

其中，“新网络”建设主要包括：高水平建设5G和固网“双千兆”宽带网络，新建3.4万个5G基站；加快布局全网赋能的工业互联网集群，建设100

家以上无人工厂、无人生产线、无人车间，带动15万企业上云上平台；加快下一代互联网规模化部署；建设新型政务外网及网络安全设施；构建全球信息通信枢纽。

“新设施”建设立足科技创新中心和集成电路、人工智能、生物医药“三大高地”建设，持续提升科技和产业创新基础设施能级。主要包括：建设电镜中心、先进医学影像集成创新中心、国家集成电路装备材料产业创新中心等若干先进产业创新基础设施等。

“新平台”建设主要包括：建设新一代高性能计算设施，打造超大规模人工智能计算与赋能平台；构建医疗大数据训练设施，支持人工智能企业开展深度学习等多种算法训练试验；探索建设临港新片区互联设施体系和长三角一体化示范区智慧大脑工程。

“新终端”建设围绕培育新经济、壮大新消费等需求，加快推动商贸、交通、物流、医疗、教育等终端基础设施智能化改造。主要包括新建10万个电动汽车充电桩、建设45个左右的出租车充电示范站、20个左右的加氢站；建设国内领先的车路协同车联网和智慧道路，完善城市智慧物流基础设施建设等。

同时，上海版新基建推出8项重大政策措施，进一步加强市区协同，在创新支持方式、加强指标保障、推动资源开放、优化规划布局、完善规则标准、培育市场需求等方面加强引导，为社会资金加大“新基建”投入营造良好环境。包括支持政策性银行、开发性金融机构以及商业银行，建立总规模1000亿元以上的“新基建”优惠利率信贷专项，研究继续新增一批互联网数据中心机架数等。

二、北京

2020年6月10日，中共北京市委、北京市人民政府发布《关于加快培育壮大新业态新模式促进北京经济高质量发展的若干意见》，其中《北京市加快新型基础设施建设行动方案(2020—2022年)》作为附件一同发布，强调聚焦“新网络、新要素、新生态、新平台、新应用、新安全”六大方向，到2022年，本市基本建成具备网络基础稳固、数据智能融合、产业生态完善、平台创新活跃、应用智慧丰富、安全可信可控等特征，具有国际领先水平的新型基础设施，对提高城市科技创新活力、经济发展质量、公共服务水平、社会治理能力形成强有力支撑。整体建设遵循以下原则（图1–5）。

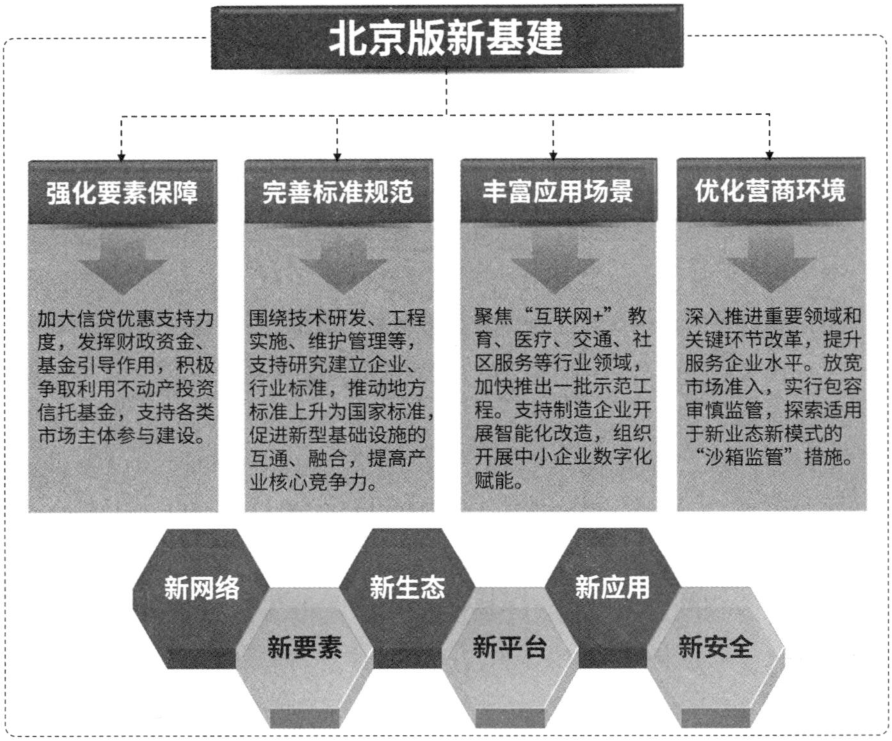

图1-5 北京版“新基建”

(一) 建设新型网络基础设施

● **5G网络。**扩大5G建站规模，加大5G基站选址、用电等支持力度，2020年实现5G基站新增1.3万个，累计超过3万个，实现五环内和北京城市副中心室外连续覆盖，五环外重点区域、典型应用场景精准覆盖。

● **千兆固网。**积极推进千兆固网接入网络建设，以光联万物的愿景实现“百千万”目标，即具备用户体验过百兆，家庭接入超千兆，企业商用达万兆的网络能力。推进网络、应用、终端全面支持IPv6，促进千兆固网应用落地，力争2020年新增5万户千兆用户。

● **卫星互联网。**推动卫星互联网技术创新、生态构建、运营服务、应用开发等，推进央企和北京创新型企业协同发展，探索财政支持和保险补贴政策。

● **车联网。**加快建设可以支持高级别自动驾驶(L4级别以上)运行的高可靠、低时延专用网络，加快实施自动驾驶示范区车路协同信息化设施建设改造，等等。

● **工业互联网。**加快国家工业互联网大数据中心、工业互联网标识解析国家顶级节点(北京)建设，形成服务京津冀、辐射全国产业转型升级的工业互联网赋能体系。

● **政务专网。**提升政务专网覆盖和承载能力。以集约、开放、稳定、安全为前提，通过对现有资源的扩充增强、优化升级，建成技术先进、互联互通、安全稳定的电子政务城域网络，全面支持IPv6协议。

(二) 建设数据智能基础设施

● **新型数据中心。**遵循总量控制，聚焦质量提升，推进数据中心从存储型到计算型的供给侧结构性改革。

● **云边端设施。**推进数据中心从“云+端”集中式架构向“云+边+端”分布式架构演变。

● **大数据平台。**落实大数据行动计划，强化以“筑基”为核心的大数据平台顶层设计，加强高价值社会数据的“统采共用、分采统用”，探索数据互换、合作开发等多种合作模式，推动政务数据、社会数据的汇聚融合治理，构建北京城市大脑应用体系。

● **人工智能基础设施。**支持“算力、算法、算量”基础设施建设，支持建设北京人工智能超高速计算中心，打造智慧城市数据底座。

● **区块链服务平台。**培育区块链技术龙头企业、骨干企业，形成研发创新及产业应用高地。建设北京市区块链重点企业名单库，做好服务和技术推广。

● **数据交易设施。**研究盘活数据资产的机制，推动多模态数据汇聚融合，构建符合国家法律法规要求的数据分级体系，探索数据确权、价值评估、安全交易的方式路径。

(三) 建设生态系统基础设施

● **共性支撑软件。**打造高可用、高性能操作系统，从技术、应用、用户三方面着手，形成完备的产业链和生态系统。

● **科学仪器。**攻克一批材料、工艺、可靠性等基础前沿、共性关键技术，突破核心器件瓶颈。推进高端分析仪器、电子测量仪器与云计算、大数据等新一代信息技术融合发展，等等。

● **中试服务生态。**发挥产业集群的空间集聚优势和产业生态优势，在生物医药、电子信息、智能装备、新材料等中试依赖度高的领域推动科技成果系统化、配套化和工程化研究开发，等等。

● **共享开源平台。**依托信创园，提升研发底层软硬件协同研发能力，建设“两中心三平台”信创应用生态。支持搭建支持多端多平台部署的大规模开源训练平台和高性能推理引擎，形成面向产业应用、覆盖多领域的工业级开源模型库。

● **产业园区生态。**以市场为导向，夯实园区发展基础。鼓励园区建设优化协同创新服务设施，为园区企业提供全方位、多领域、高质量的服务。

(四) 建设科创平台基础设施

● **重大科技基础设施。**以国家实验室、怀柔综合性国家科学中心建设为牵引，打造多领域、多类型、协同联动的重大科技基础设施集群。

● **前沿科学研究平台。**突出前沿引领、交叉融合，打造与重大科技基础设施协同创新的研究平台体系，推动材料基因组研究平台、清洁能源材料测试诊断与研发平台、先进光源技术研发与测试平台等首批交叉研究平台建成运行，加快第二批交叉研究平台和中科院“十三五”科教基础设施建设。

● **产业创新共性平台。**打造梯次布局、高效协作的产业创新平台体系。继续推动完善市级产业创新中心、工程研究中心、企业技术中心、高精尖产业协同创新平台等布局。

● **成果转化促进平台。**支持一批创业孵化、技术研发、中试试验、转移转化、检验检测等公共支撑服务平台建设。推动孵化器改革完善提升，加强评估和引导。支持新型研发机构、重点实验室、工程技术中心等多种形式创新机构加强关键核心技术攻关。

(五) 建设智慧应用基础设施

● **智慧政务应用。**深化政务服务“一网通办”改革，升级一体化在线政务服务平台，优化统一申办受理，推动线上政务服务全程电子化。2020年底前，市级80%、区级70%依申请政务服务事项实现全程网上办结。

● **智慧城市应用。**聚焦交通、环境、安全等场景，提高城市智能感知能力和运行保障水平。实施智慧交通提升行动计划，开展交通设施改造升级，构建先进的交通信息基础设施。

● **智慧民生应用。**聚焦医疗卫生、文化教育、社区服务等民生领域，扩大便民服务智能终端覆盖范围。支持智能停车、智慧门禁、智慧养老等智慧社区应用和平台建设。

● **智慧产业应用。**推动“互联网+”物流创新工程，推进现代流通供应链建设，鼓励企业加大5G、人工智能等技术在商贸物流设施的应用，支持相关信息化配套设施建设，发展共同配送、无接触配送等末端配送新模式。

● **传统基础设施赋能。**加快公路、铁路、轨道交通、航空、电网、水务等传统基建数字化改造和智慧化升级，助推京津冀基础设施互联互通。

● **中小企业赋能。**落实国家“上云用数赋智”行动，支持互联网平台型龙头企业延伸服务链条，搭建教育、医疗、餐饮、零售、制造、文化、商务、家政服务等细分行业云。建设一批细分行业互联网平台和垂直电商平台，培育一批面向中小企业的数字化服务商。

(六) 建设可信安全基础设施

● **基础安全能力设施。**促进网络安全产业集聚发展，培育一批拥有网络安全核心技术和服务能力的优质企业。支持操作系统安全、新一代身份认证、终端安全接入、智能病毒防护、密码、态势感知等新型产品服务的研发和产业化，建立完善可信安全防护基础技术产品体系，形成覆盖终端、用户、网络、云、数据、应用的多层级纵深防御、安全威胁精准识别和高效联动的安全服务能力。

● **行业应用安全设施。**支持开展5G、物联网、工业互联网、云化大数据等场景应用的安全设施改造提升，围绕物联网、工业控制、智能交通、电子商务等场景，将网络安全能力融合到业务中形成部署灵活、功能自适应、云边端协同的内生安全体系。鼓励企业深耕场景安全，形成个性化安全服务能力，培育一批细分领域安全应用服务特色企业。

● **新型安全服务平台。**综合利用人工智能、大数据、云计算、IoT智能感知、区块链、软件定义安全、安全虚拟化等新技术，推进新型基础设施安全态势感知和风险评估体系建设，整合形成统一的新型安全服务平台。支持建设集网络安全态势感知、风险评估、通报预警、应急处置和联动指挥为一体的新型网络安全运营服务平台。

三、重庆

2020年6月18日，重庆市政府发布《重庆市新型基础设施重大项目建设行动方案(2020—2022年)》。3年里，重庆市将总投资3983亿元，滚动实施和储备375个“新基建”重大项目。这批“新基建”重大项目实施后，到2022年，将基本建成全国领先的新一代信息基础支持体系，筑牢超大城市智慧治理底座、高质量发展基石。

这批重大项目包括信息基础设施、融合基础设施、创新基础设施3个方面，细分为7大板块，具体如下：

新型网络基础设施方面，将大力推进5G网络建设，到2022年，5G网络重点区域覆盖率将达80%以上；推进千兆光纤宽带建设，打造“双千兆”网络之城；升级国家级互联网骨干直联点、中新(重庆)国际互联网数据专用通道，逐步打通“一带一路”沿线国家及地区重点城市的国际数据专用通道等。

智能计算基础设施方面，将推进数据存储设施，强化两江水土云计算中心核心承载能力；推进高性能计算设施建设，打造国家级超算资源集聚高地。

信息安全基础设施方面，将打造信息安全监测、防护、测试平台，到2022年，全市网络、计算等关键信息基础设施安全防护水平显著提升。

转型促进基础设施方面，到2022年，将培育20家以上综合性工业互联网服务平台、人工智能服务平台，200家以上面向产业特定环节和领域的专业支撑平台。

融合应用基础设施方面，将打造城市智能中枢、数字乡村基础设施、传统基础设施改造、公共服务智能化应用设施；每年打造3～5个全国知名的智慧城市应用示范项目。

基础科学研究设施方面，到2022年，将力争建设国家实验室1个、大科学装置2个，打造一批科教基础平台，提升基础科研能力。

产业创新基础设施方面，到2022年，将力争培育一批弥补产业发展短板的关键技术创新平台，打造一批支撑重点产业发展的试验验证平台，提升产业技术创新供给能力（图1–6）。

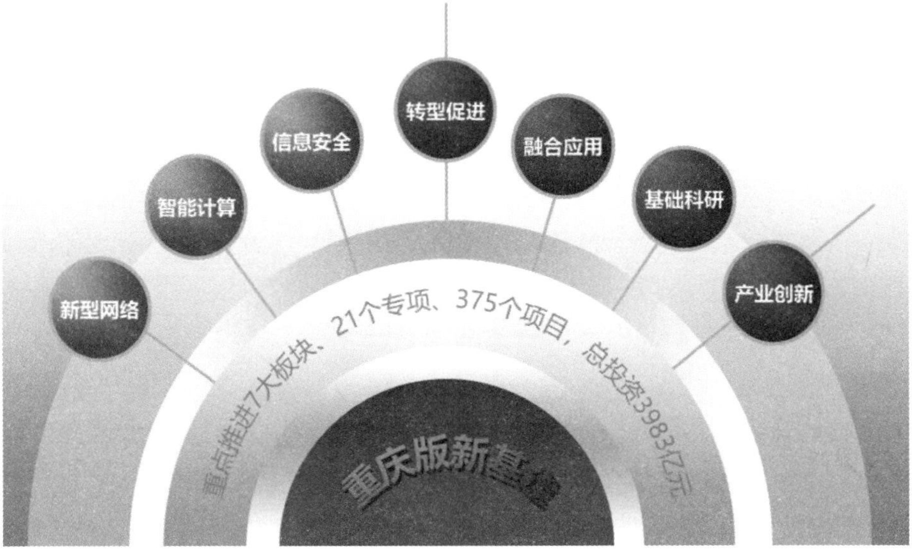

图1-6 重庆版“新基建”

重庆版“新基建”围绕信息基础设施、融合基础设施、创新基础设施3

个方面，突出新型网络、智能计算、信息安全、转型促进、融合应用、基础科研、产业创新七大板块重点，强化重大项目的牵引与带动作用，积极布局5G、数据中心、人工智能、物联网、工业互联网等新型基础设施建设，有序推进数字设施化、设施数字化进程，旨在为重庆市经济社会高质量发展注入新动能，等等。

CHAPTER

第二章 2

新基建 新机遇

2020年第一季度，受到新冠肺炎疫情影响，许多企业停工停产，一些社会公共服务也几乎停摆，但以5G、人工智能、大数据中心等为代表的“新基建”构建起一个新的社会“循环系统”。例如：通过5G+超高清视频+VR技术实现了亿万人观看的“云监工”，共同见证了火神山、雷神山的搭建；通过5G+VR+机器人协助远程诊断、“非接触式”递送物品或探视等工作，有效降低了一线医务人员交叉感染风险；通过5G+大数据+光学技术实现了大客流实时测温，搭建起了防疫复工长效战线。

可以说，在疫情防控中，“新基建”已经显露锋芒。

第一节

5G：数据输送的“高速公路”

5G网络基础设施建设是最重要的“新基建”领域。5G在目前各个省市已经出台的“新基建”行动计划及相应政策的地区文件里基本都有重点提及。

5G作为第五代移动通信技术，与前四代移动通信技术有本质的区别。第一代是模拟技术，第二代实现了数字化语音通信，第三代是以多媒体通信为特征的3G技术，第四代是已经成熟的4G技术，其通信速率大大提高，标志着进入无线宽带时代。但是，前四代都是单一的移动通信技术，而5G则是前四代技术的总和并加入高频通信技术，这就使得5G拥有更高通信峰值、更低延时、更大传输量和更低的功耗（图2-1）。

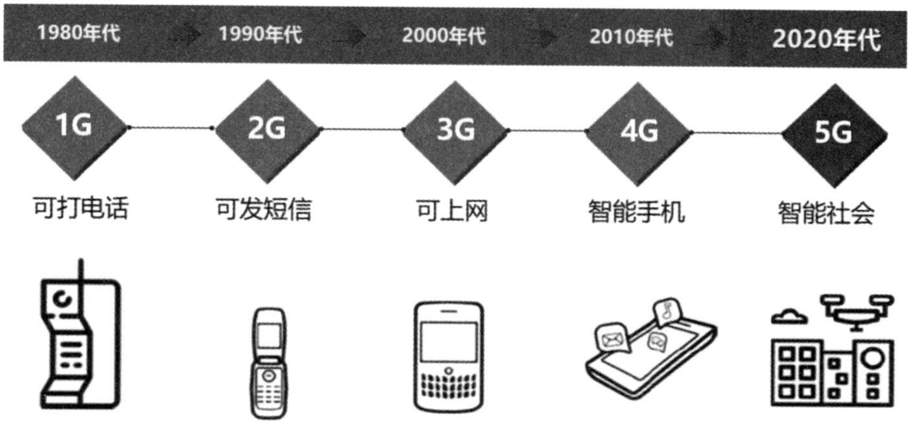

图2-1 5G与前四代通信技术有本质的区别

5G为移动通信赋予了“通用”的属性，已成为与公路网、铁路网、能源网相并列的、不可或缺的关键基础设施，将全面推动数字社会的发展。以智慧城市、智能环保、智能家居等为代表的典型应用场景与移动通信深度融合，将有亿万级设备接入5G网络；5G还将以其超高可靠性、超低时延等性能，带动人工智能、工业互联网等垂直行业的发展。例如：5G技术在工业互联网中能有助于智能工厂实现自主化决策，可以提升运行、维护效率，降低成本，灵活生产出多样化的产品，并能快速响应市场的变化。

4G助力了移动互联网的兴起。5G的到来，作为新的基础网络设施，不单为人服务，还为物服务，为社会服务。5G的连接能力，从金融服务到医疗再到零售，将推动万物智能互联。在其三大特性：低延时、高带宽、高速率的推动下，将会为万物互联的发展装上高速助推器，工业互联网将会得到突飞猛进的发展，无线高速传输将会给人工智能产业带来无限的商机。

更重要的是，5G 还将以其超高可靠性、超低时延的卓越性能，引爆如车联网、移动医疗、工业互联网等垂直行业应用，助推中国的制造强国、网络强国建设，使新一代移动通信成为引领国家智能化转型的通用目的技术。因此，作为新兴通用目的技术的5G，其商用化将引发新一轮投资高潮，促进5G 技术向经济社会各领域扩散渗透，孕育新兴信息产品和服务，重塑传统产业发展模式，成为经济社会发展的关键动力。与此同时，5G的低时延、高速率、低成本特性，将吸引国民经济各行业扩大5G 相关投资，加大信息通信行业资本投入比重，提升各行业数字化水平，提高投入产出效率，进而促进经济结构优化，推动经济增长。

根据中国信息通信研究院2019年的测算，5G作为下一代移动通信技术，将会创造出巨大的经济价值。预计到2030年，5G带动的直接和间接产出将分别达到6.3万亿元和10.6万亿元。在直接产出方面，以2020年5G正式商用计，预计当年将带动约4840亿元的直接产出，2025年、2030年将分别增长到3.3万亿元、6.3万亿元，十年间的年均复合增长率为29%。在间接产出方面，2020年、2025年和2030年，5G将分别带动1.2万亿元、6.3万亿元和10.6万亿元，年均复合增长率为24%（图2-2）。

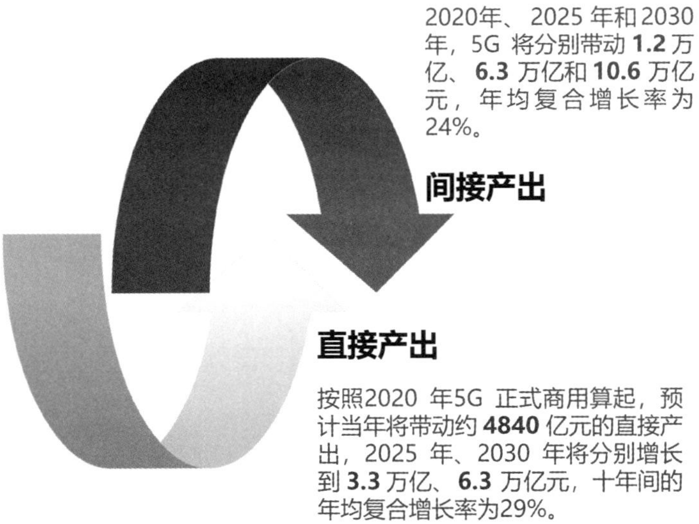

图2-2 5G创造出巨大的经济价值
数据出处：中国信息通信研究院

从产出结构看，拉动产出增长的动力随5G商用进程的深化而相继转换。

在5G 商用初期，运营商大规模开展网络建设，5G网络设备投资带来的设备制造商收入将成为5G直接经济产出的主要来源，预计2020 年，网络设备和终端设备收入合计约4500亿元，占直接经济总产出的94%。在5G商用中期，来自用户和其他行业的终端设备支出和电信服务支出持续增长，预计到2025年，上述两项支出分别为1.4万亿和0.7万亿元，占直接经济总产出的64%。在5G商用中后期，互联网企业与5G相关的信息服务收入增长显著，成为直接产出的主要来源，预计2030 年，互联网信息服务收入达到2.6 万亿元，占直接经济总产出的42%（图2-3）。

图2-3 不同阶段的直接产出构成占比

5G应用的发展，将能够解决有关社会问题，同时会产生提升国民生活水平等各种社会效益。与产生的直接经济效益不同，5G应用将更多间接影响社会效益。以车联网为例，除了带来汽车应用服务市场、无人驾驶服务市场、车载设备市场和设备投资等经济效果之外，还将从缓解交通拥堵、提升物流效率、减少CO^{2}排放、节约出行时间、减少交通事故伤亡等诸多方面带来巨大社会效益（表2-1）。

表2-1 5G的社会效益（以车联网为例）

社会领域	社会效益
A. 环境与资源	· 缓解交通拥堵，节约时间、资源 · 减少交通工具的CO^2排放量等
B. 公共安全	· 减少安全事故，规避经济损失 · 快速响应减少火灾损失等
C. 医疗保健	· 减少医疗事故，减少医疗费用 · 防止病情加重，减少人员伤亡等
D. 教育培训	· 提升各类院校的教育水平，减少教育支出等
E. 老龄化社会	· 减少护理费用 · 减少护理时间等
F. 工作	· 减少通勤时间、提升工作效率 · 减少工作压力、避免工作事故等
G. 生活	· 减轻家务劳动等

5G最大改变就是通过对大带宽（eMBB）、大规模连接（mMTC）、超低时延高可靠（uRLLC）三大应用场景的定义，丰富了网络连接的适用范围，进而满足了新增的连接需求，将网联从“人”进一步扩大到“物”。如果说4G 改变了人与人之间的连接方式，那么5G 就改变了“人与物”及“物与物”的多重连接方式。

5G拓展三大应用场景，在无线侧通过硬件/软件技术的大幅提升，契合不同应用场景的网络性能需求。但在传输侧，由于硬件技术升级空间有限，必须通过网络结构的优化满足5G时代新应用对网络性能的要求。5G面向三大应用场景，需要提供不同的网络性能。在无线侧有大量新技术实现对不同应用场景的支撑，但传输网络侧，在硬件技术提升有限的情况下，需要对网络架构进行革新（图2-4）。

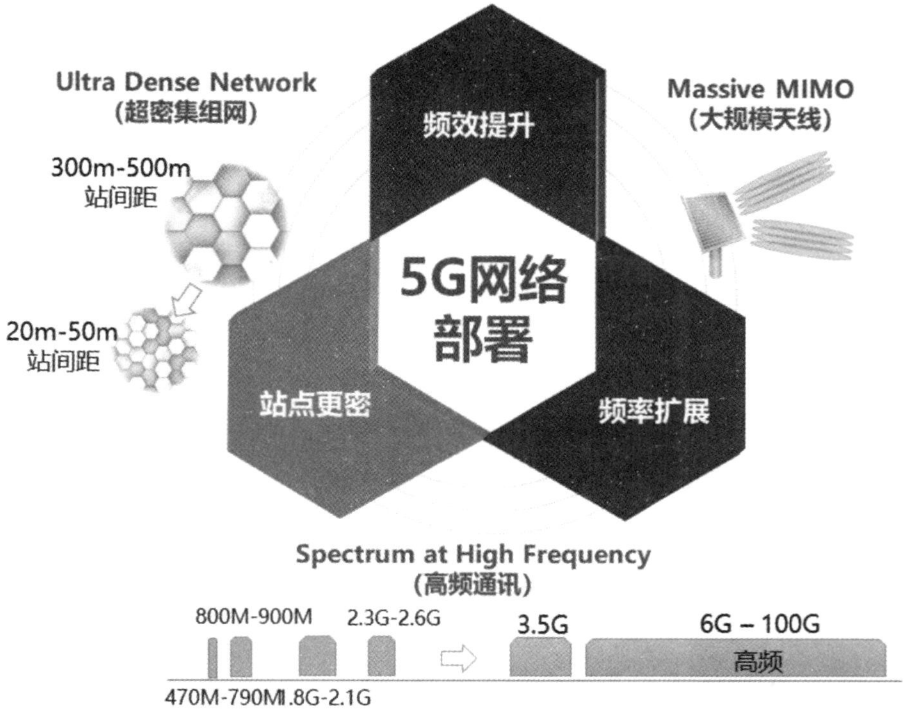

图2-4 5G通信性能提升的关键技术

超密集组网（Ultra Dense Network，UDN）将是满足5G以及未来移动数据流量需求的主要技术手段。超密集组网通过更加“密集化”的无线网络基础设施部署，可获得更高的频率复用效率，从而在局部热点区域实现百倍量级的系统容量提升。随着站点密度的增加，用户将受到多个密集邻区的同频干扰，且移动时切换过于频繁，用户体验急剧下降。Pre5G UDN解决方案，可以化多个基站的干扰为有用信号，且服务集合随小区移动不断更新，始终使用户处于小区中心的状态，实现小区虚拟化，达到一致性的用户体验。干扰管理与抑制、小区虚拟化技术和小区动态调整等是Pre-UDN阶段超密集组网的重要研究方向。

2020年及未来，超高清、3D和浸入式视频的流行会使得数据速率大幅提升。大量个人数据和办公数据存储在云端，海量实时的数据交互需要可以媲美光纤的传输速率。复杂多样场景下的通信体验要求越来越高，为了满足用户能在大型集会、露天集会、演唱会的超密集场景下获得一致的业务体验，5G无线网络需要支持1000倍的容量增益，以及1000亿针对这种未来热点高容量的场景。UDN(超密集组网)通过增加基站部署密度，可以实现系统频率复用效率和网络容量的巨大提升，将成为热点高容量场景的关键解决方案。

对于我国而言，发展5G还有另一层重要意义。在全球移动通信标准方面，中国实现了“2G跟随”“3G突破”到“4G同步”的跨越，面向未来的5G时代，有望晋级为“领跑者”的角色。因此，研发和部署5G，除了具有经济意义外，还有更深层次的战略意义。

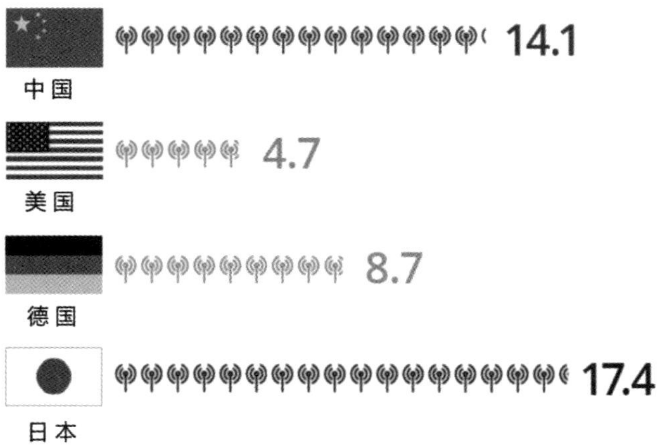

图2-5 中美德日基站密度对比（基站数量/万人）

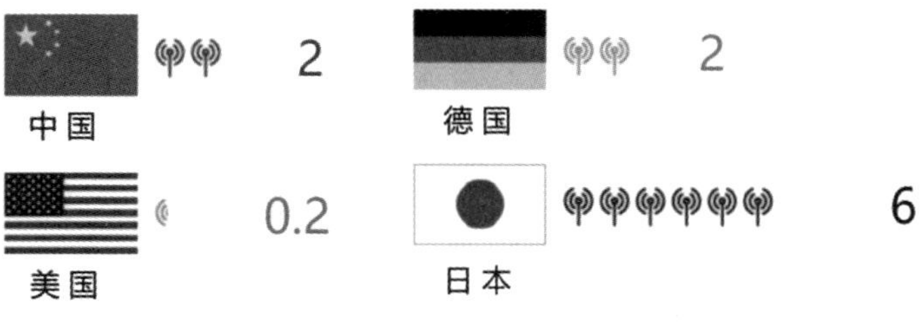

图2-6 中美德日基站密度对比（基站数量/平方公里）

统计数据显示，截至2020年3月底，全球4G宽带用户数量已达50亿，4G基站总数约830万，中国是551万。未来，5G为实现4G的10到100倍用户接入速率，基站数量将是4G的2到3倍。从中国的人口规模和手机用户数量来看，5G建设有着较高的“性价比”。数据显示，中国铁塔公司在2017年日均增设460个基站，相当于3个月间就超过了美国过去三年建设的所有基站数量（图2-5，图2-6）。

在移动通信网络基础设施扩建和升级方面，中国有明显领先的优势。根据德勤公司的推算，中国电信运营商建设基站的成本是美国运营商的65%，施工以及办理施工手续的成本不到美国的15%～20%。也就是说，美国要想保障具备与中国同等的5G移动通信能力需要付出2.67倍的费用。

从产业链角度而言，5G产业链可以分为上、中、下游三个层面（图2-7）：

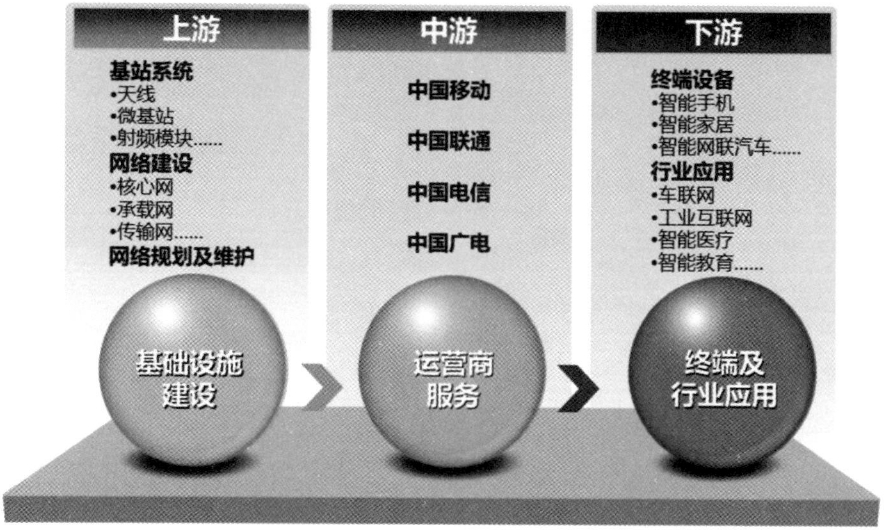

图2-7 5G产业链
图片来源：《5G：为人工智能与工业互联网赋能》，王喜文

上游：主要以基站系统和网络建设为主，从支持光波调试的光器件、光组件，到射频模块、基带芯片、成型天线，再到最终组成一个基站整体、小微基站以及室内系统等成型产品。这一环节主要完成的功能是通信信息的编码以及光波信号转换，并最终实现信号发送。从元器件到整个基站整体的构建，实现

5G基站的功能升级之后，涉及到不同地区的网络情况不一致，需要搭建的网络结构不一样。最终，5G网络连接成为一个整体如何通过顶层规划再落地实施，这就涉及到网络规划、核心网、接入网、承载网等工程性质的网络体系建设。而且在建设5G网络建设完成之后，还需要运营维护（图2-8）。这些环节都可以归纳为以大型设备提供商（华为、中兴等）为主导、核心零部件供应商为支撑（紫光展锐、武汉锐奥特等）的上游。其中的紫光展锐是中国十大集成电路设计企业、全球第三大面向公开市场的手机芯片设计企业和中国领先的5G通信芯片企业，致力于移动通信和物联网领域核心芯片的研发及设计，面向5G基站提供移动通信芯片、物联网芯片、射频芯片、无线连接芯片、安全芯片、电视芯片等多个领域产品；而武汉锐奥特拥有自主的光模块，是华为的主要供应商之一。

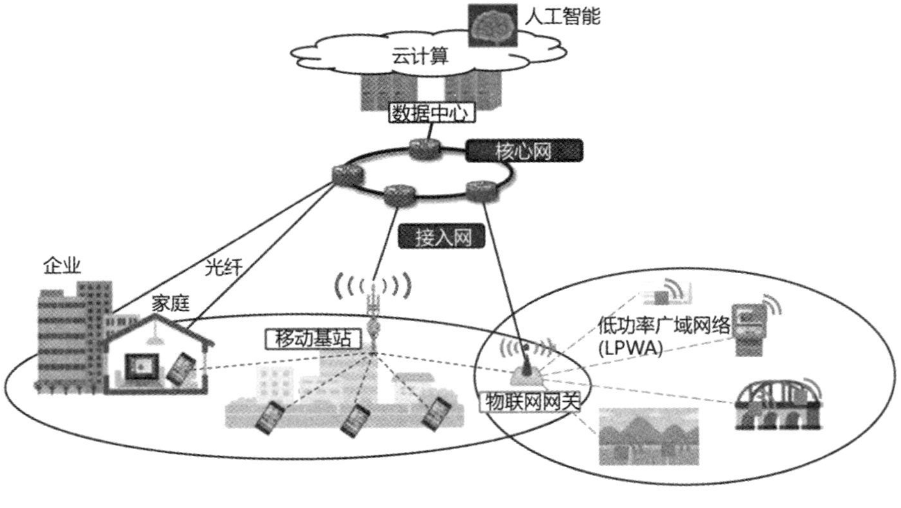

图2-8 5G基站

中游：中游主要是电信运营商，基于5G提供各种服务。5G 技术的大规模产业化、市场化应用，必须以运营商网络设备的先期投入作为先决条件，运营商对5G 网络及相关配套设施的投资，将直接增加国内对网络设备的需求，带动总产出增长，推动经济发展，间接带动元器件、原材料等相关行业的发展。

下游：未来，5G 与云计算、大数据、人工智能、虚拟增强现实等技术的深度融合，也将连接人和万物，成为各行各业智能化转型的新基础设施。一方面，5G 将为用户提供超高清视频、下一代社交网络、浸入式游戏等更加身临其境的娱乐体验，促进人类社会交往和交互方式再次升级。另一方面，5G 将支持海量的机器通信，以智慧城市、智能家居等为代表的典型应用场景与移动通信深度融合，预期千亿量级的设备将接入5G 网络。5G 的下游应用将促进信息产品和服务的创新，让智能家居、可穿戴设备等新型信息产品，8K 视频、虚拟现实教育系统等数字内容服务真正走进千家万户，增加信息消费的有效供给，推动信息消费的扩大和升级。

我国已经成为5G率先商用的国家之一，5G对经济与社会发展是难得的机遇。我们确信，快速发展的垂直行业数字化转型和巨大的用户规模都将推动中国5G 产业快速健康地发展。

一、虚拟现实与增强现实

5G开始了移动通信发展的新篇章。超清视频将会得到快速发展，这也是目前各大电信运营商争夺的热点之一。目前整个互联网的流量大多属于视频流量，超清视频的应用将会给电信运营商带来巨额收入。5G在带来更好的数据应用体验的同时，也会促进交互方式的再次升级。在信息娱乐方面，5G将推动视频、游戏等应用向超高清、3D和沉浸式体验方向发展，成为8K超高清视频等新应用不可或缺的网络支撑。

虚拟现实（简称VR）的核心技术是以图像识别为代表的人工智能技术。增强现实技术（简称AR），是一种实时地计算摄影机影像的定位及角度并加上相应图像的技术，这种技术的目标是在屏幕上把虚拟世界套在现实世界并进行互动。典型产品如Google眼镜、微软的HoloLens等。通过图像识别技术使得增强现实设备能够识别三维立体图像，判断其定位，才能够把虚拟准确的投影在物体上。在5G的高速推动下，享受VR/AR带来的新体验，身临其境地参与视频会议、体育赛事直播等活动，还可以在网上沉浸式体验各种游戏。例如，带有实时语言翻译功能的5G耳机、基于5G的智能家居服务、多视角的体育赛事或文艺演出直播，以及戴着VR头盔观看电影，等等。

在学习方面，5G+VR/AR可以实现优质资源的复制和扩散，人们将能够通过VR/AR技术进入虚拟教室，通过头戴式设备沉浸式参与自己喜欢的课程，并与课堂上的老师和同学进行全景式交流。可以预见，5G时代到来后，将会驱动AR、VR技术成为主流科技。以往缺乏高速度网络技术的支撑，VR/AR技术有严重的延迟情况，给体验用户带来了眩晕等不适的体验。但5G解决了其速率与延时的问题后，VR/AR将会突破瓶颈技术的限制，取得质的飞跃，有着广阔的市场前景。

在5G通信网络支持下，VR/AR可以实现人机交互，极大地增强用户的体验。在虚拟现实与增强现实设备上应用图像识别、语音识别、语义理解技术，可以准确地感知人的行为和发出的指令，从而马上执行指令。比如虚拟健身教练，用户想与虚拟健身教练对练时，通过语音命令、虚拟现实与增强现实设备很快就能随着节奏和套路进行一对一的有效训练。在虚拟世界中，所谓的健身房机器人将与您并肩作战，逐步变得更加宽松，以提高您的健身水平。陪练机器人可以适应你的技能，对虚拟体验作出反应，为用户提供更逼真的体验，并增加锻炼的强度。

近些年，虚拟现实与增强现实技术得到了快速发展，在各个领域都有具体的应用。例如，医疗领域，实现远程医疗、手术等降低医疗资源流动的成本；工业领域，可以采用虚拟现实与增强现实技术进行设备的维修保养。工作人员佩戴智能眼镜之后，会在空间上实时显示所需信息。为工业设备的售后服务维修提供了很多方便，提升了服务质量，缩短了维修时间，降低了用户成本。

根据工业和信息化部的预测，到2020年，我国虚拟现实产业链条基本健全，在经济社会重要行业领域的应用得到深化，建设若干个产业技术创新中心，核心关键技术创新取得显著突破，打造一批可复制、可推广、成效显著的典型示范应用和行业应用解决方案，创建一批特色突出的虚拟现实产业创新基地，初步形成技术、产品、服务、应用协同推进的发展格局。

到2025年，我国虚拟现实产业整体实力进入全球前列，掌握虚拟现实关键核心专利和标准，形成若干具有较强国际竞争力的虚拟现实骨干企业，创新能力显著增强，应用服务供给水平大幅提升，产业综合发展实力实现跃升，虚拟现实应用能力显著提升，推动经济社会各领域发展质量和效益显著提高。

发展虚拟现实与增强现实，首先要突破高性能软件建模、内容拍摄生成、增强现实与人机交互、集成环境与工具等关键技术；其次要研制虚拟显示器件、光学器件、高性能真三维显示器、开发引擎等产品，还要建立虚拟现实与增强现实的技术、产品、服务标准和评价体系，推动重点行业融合应用。

（一）突破关键核心技术

加强产学研用协同合作，推动虚拟现实相关基础理论、共性技术和应用技术研究。坚持整机带动、系统牵引，围绕虚拟现实建模、显示、传感、交互等重点环节，加强动态环境建模、实时三维图形生成、多元数据处理、实时动作捕捉、实时定位跟踪、快速渲染处理等关键技术攻关，加快虚拟现实视觉图形处理器（GPU）、物理运算处理器（PPU）、高性能传感处理器、新型近眼显示器件等的研发和产业化。

——近眼显示技术。实现30PPD（每度像素数）单眼角分辨率、100Hz以上刷新率、毫秒级响应时间的新型显示器件及配套驱动芯片的规模量产。发展适人性光学系统，解决因辐合调节冲突、画面质量过低等引发的眩晕感。加速硅基有机发光二级管（OLEDoS）、微发光二极管（MicroLED）、光场显示等微显示技术的产业化储备，推动近眼显示向高分辨率、低时延、低功耗、广视角、可变景深、轻薄小型化等方向发展。

——感知交互技术。加快六轴及以上GHz惯性传感器、3D摄像头等的研发与产业化。发展鲁棒性强、毫米级精度的自内向外（inside-out）追踪定位设备及动作捕捉设备。加快浸入式声场、语音交互、眼球追踪、触觉反馈、表情识别、脑电交互等技术的创新研发，优化传感融合算法，推动感知交互向高精度、自然化、移动化、多通道、低功耗等方向发展。

——渲染处理技术。发展基于视觉特性、头动交互的渲染优化算法，加快高性能GPU配套时延优化算法的研发与产业化。突破新一代图形接口、渲染专用硬加速芯片、云端渲染、光场渲染、视网膜渲染等关键技术，推动渲染处理技术向高画质、低时延、低功耗方向发展。

——内容制作技术。发展全视角12K分辨率、60帧/秒帧率、高动态范围（HDR）、多摄像机同步与单独曝光、无线实时预览等影像捕捉技术，重点突破高质量全景三维实时拼接算法，实现开发引擎、软件、外设与头显平台间的通用性和一致性。

（二）丰富产品有效供给

面向信息消费升级需求和行业领域应用需求，加快虚拟现实整机设备、感知交互设备、内容采集制作设备、开发工具软件、行业解决方案、分发平台的研发及产业化，丰富虚拟现实产品的有效供给。

——整机设备。发展低成本、高性能、符合人眼生理特性的主机式、手机式、一体机式、车载式、洞穴式、隐形眼镜式等形态的虚拟现实整机设备。研发面向制造、教育、文化、健康、商贸等重点行业领域及特定应用场景的虚拟现实行业终端设备。

——感知交互设备。研发自内向外（inside-out）追踪定位装置、高性能3D摄像头以及高精度交互手柄、数据手套、眼球追踪装置、数据衣、力反馈设备、脑机接口等感知交互设备。

——内容采集制作设备。加快动作捕捉、全景相机、浸入式声场采集设备、三维扫描仪等内容采集制作设备的研发和产业化，满足电影、电视、网络媒体、自媒体等不同应用层级内容制作需求。

——开发工具软件。发展虚拟现实整机操作系统、三维开发引擎、内容制作软件，以及感知交互、渲染处理等开发工具软件，提升虚拟现实软硬件产品系统集成与融合创新能力。

——行业解决方案。发展面向重点行业领域典型应用的虚拟研发设计、虚拟装配制造、虚拟检测维修、虚拟培训、虚拟货品展示等集成解决方案。

——分发平台。发展端云协同的虚拟现实网络分发和应用服务聚合平台（CloudVR），推动建立高效、安全的虚拟现实内容与应用支付平台及分发渠道。

（三）推进重点行业应用

引导和支持“VR+”发展，推动虚拟现实技术产品在制造、教育、文化、健康、商贸等行业领域的应用，创新融合发展路径，培育新模式、新业态，拓展虚拟现实应用空间。

——VR+制造。推进虚拟现实技术在制造业研发设计、检测维护、操作培训、流程管理、营销展示等环节的应用，提升制造企业辅助设计能力和制造服务化水平。推进虚拟现实技术与制造业数据采集与分析系统的融合，实现生产现场数据的可视化管理，提高制造执行、过程控制的精确化程度，推动协同制造、远程协作等新型制造模式发展。构建工业大数据、工业互联网和虚拟现实相结合的智能服务平台，提升制造业融合创新能力。面向汽车、钢铁、高端装备制造等重点行业，推进虚拟现实技术在数字化车间和智能车间的应用。

——VR+教育。推进虚拟现实技术在高等教育、职业教育等领域和物理、化学、生物、地理等实验性、演示性课程中的应用，构建虚拟教室、虚拟实验室等教育教学环境，发展虚拟备课、虚拟授课、虚拟考试等教育教学新方法，促进以学习者为中心的个性化学习，推动教、学模式转型。打造虚拟实训基地，持续丰富培训内容，提高专业技能训练水平，满足各领域专业技术人才培训需求。促进虚拟现实教育资源开发，实现规模化示范应用，推动科普、培训、教学、科研的融合发展。

——VR+文化。在文化、旅游和文物保护等领域，丰富融合虚拟现实体验的内容供应，推动现有数字内容向虚拟现实内容的移植，满足人民群众文化消费升级需求。发展虚拟现实影视作品和直播内容，鼓励视频平台打造虚拟现实专区，提供虚拟现实视频点播、演唱会、体育赛事、新闻事件直播等服务。打造虚拟电影院、虚拟音乐厅，提供多感官体验模式，提升用户体验。建设虚拟现实主题乐园、虚拟现实行业体验馆等，创新文化传播方式。推动虚拟现实在文物古迹复原、文物和艺术品展示、雕塑和立体绘画等文化艺术领域应用，创新艺术创作和表现形式。

——VR+健康。加快虚拟现实技术在医疗教学训练与模拟演练、手术规划与导航等环节的应用，推动提高医疗服务智能化水平。推动虚拟现实技术在心理辅导、康复护理等环节的应用，探索虚拟现实技术对现有诊疗手段的补充完善，发展虚拟现实居家养老、在线诊疗、虚拟探视服务，提高远程医疗水平。

——VR+商贸。顺应电子商务、家装设计、商业展示等领域场景式购物趋势，发展和应用专业化虚拟现实展示系统，提供个性化、定制化的地产、家居、家电、室内装修和服饰等虚拟设计、体验与交易平台，发展虚拟现实购物系统，创新商业推广和购物体验模式。

二、无人机

随着无人机研发技术逐渐成熟，制造成本大幅降低，无人机在各个领域得到了广泛应用。无人机按照应用领域主要分为军用无人机、工业无人机、消费无人机。军用无人机主要应用有侦查、电子对抗、无人战斗机等，工业无人机主要应用于农业植保、电力巡检、警用执法、地质勘探、环境监测、森林防火等领域，消费无人机主要应用于个人航拍、影视航拍和遥控玩具等。

根据市场研究公司Gartner的测算，2017 年，无人机市场规模达 60 亿美元，而 2020年则会进一步增长至 112 亿美元，全球无人机产量将达 300 万架，同比增幅高达 39%，其中消费类无人机的销售量将会占到 94%，但只占无人机市场销售额的 40%。

目前部分消费级无人机已能通过传感器、摄像头等进行自动避障，同时还能依靠机器视觉对飞行环境进行检测，分析所处环境特征从而实现自我规划路径。2016 年，Intel 通过智能算法成功实现 500 架多旋翼无人机上演空中编队灯光秀，消费级无人机开始朝更高级别的无人机智能化迈进。我国作为全球无人机第一制造大国，深圳大疆公司占全球消费无人机 70%消费级无人机市场份额。

智能无人系统是能够通过先进的技术进行操作或管理而不需要人工干预的人工系统。自古以来，人类就创造了无数种无人系统。并且随着人类知识的增长，无人系统的技术水平也逐渐提高。与传统自主系统相比，无人自主系统的研究内容更加宽泛。各种类型的智能无人自主系统的相继出现，将对人类生活和社会产生显著的影响。包括无人车、无人机、服务机器人、空间机器人、海洋机器人和无人车间/智能工厂，在现在或在不久的将来都可能发展成为智能无人自主系统。

随着各种技术的进步，无人机的未来发展呈现出多样化的发展趋势。然而，作为一种先进的自主无人驾驶系统，无论是军用还是民用无人机，都是注定要向低人工干预、高自主性、高智能化的方向发展。

一般来说，可以把这些层次分成三个等级：远程控制、自动控制和自主控制。目前，大多数无人机已达到自动控制水平。换句话说，高度、速度、位置和飞行路径都可以自动控制。然而，所有这些控制行为均是预先编程的，并不能够表示出无人机的自主性。随着传感器技术的发展、嵌入式计算能力的提高，在未来，无人机的自主控制能力将明显改善。当飞行中的冲突风险增加或飞行中任务条件发生变化时，无人机将自动控制飞行状态，而不是机械地跟随飞行航迹。当异常情况消失时，它会重新回到原来的飞行路线。具有自主控制水平的未来无人机将主要以某些飞行不确定性为特征。此外，安全性和灵活性将明显提高（图2-9）。

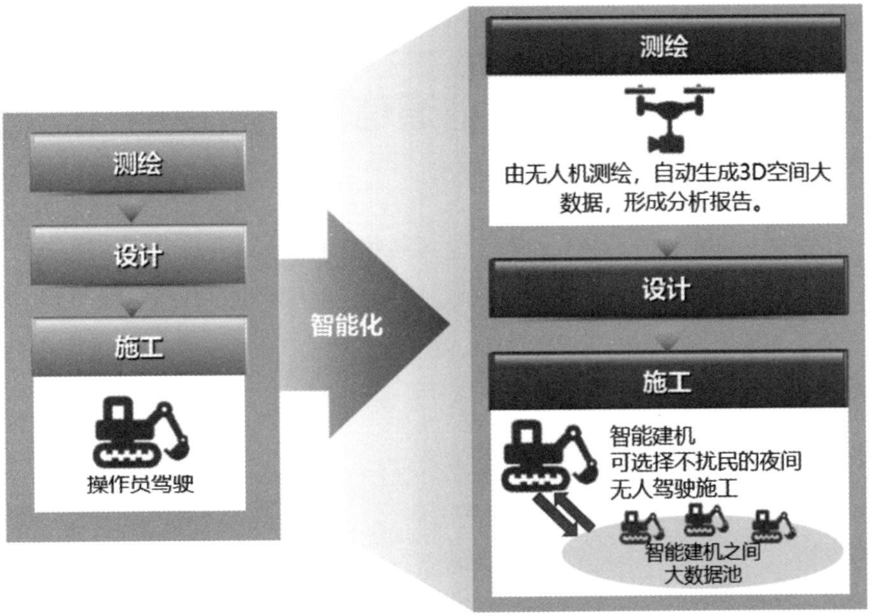

图2-9 基于无人机的智能施工

随着5G移动网络通信可靠性的增强，在未来智能施工系统中，人工干预将进一步降低。人们只需要作为指挥官把任务分配给无人机和智能建机，而不是实时监视和控制他们。

无人机负责测绘，自动生成3D空间大数据，形成分析报告；智能建机应该能够根据各自的任务和相应的约束条件自主地规划施工路径。当约束条件发生变化时，智能建机将自主调整施工路径。智能建机的第二个智能趋势是对任务的理解和分解能力。当面对复杂的任务时，它们不需要人们分配任务或做出决定，而是自主完成任务。智能建机的第三个智能趋势是群体智能。未来智能建机的一个特点就是能够通过5G网络自主合作有效完成复杂任务，一个施工工程中可以由许多相同和不同的智能建机组成，它们有能力进行自主合作，消除冲突，从而最大限度地提高团队表现。

第二节

卫星互联网：空地通信的“新星座”

卫星通信和地面光通信（全称为地面移动光通信）一样，是现代通信重要方式之一，广泛应用于军民等多个领域。因此，卫星互联网作为重要的通信基础设施，也被列为国家“新基建”政策支持的重点方向，很可能与下一代6G技术并行发展。

一、美国的“星链”

由于在5G技术上“落后”于中国，美国政府一心想在卫星互联网和6G上扳回一筹。近些年，一些美国公司，例如SpaceX、O3b等，在政府的帮助下持续推进卫星互联网计划。尤其是SpaceX公司的“星链”项目进展最为迅速，计划在2020年内服务主要北美地区，2021年将实现全球卫星互联网服务（图2-10）。

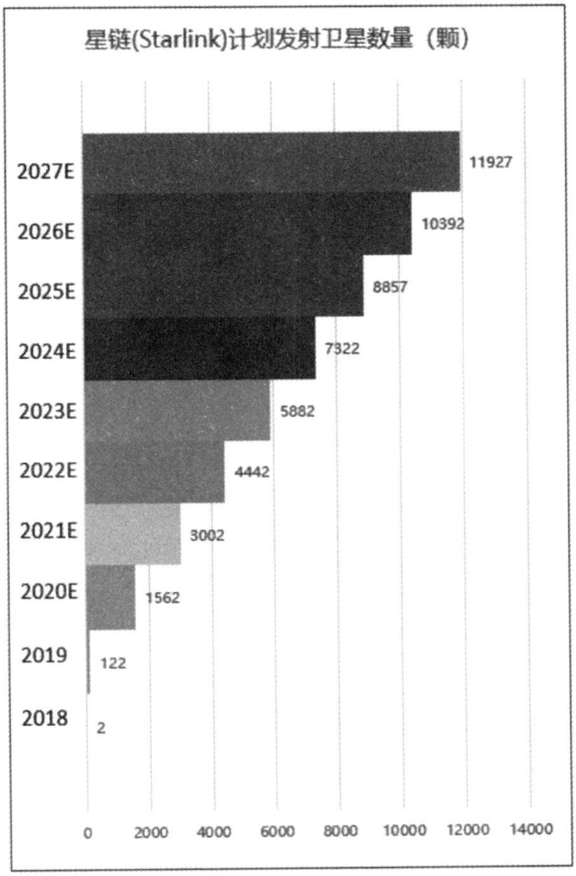

图2-10 星链发射卫星数量预测
数据出处：CNN，SpaceX官网

概括来说，“星链”星座由分布在340km、550km和约1200km三个轨道面上的约12000颗卫星组成。“星链”不仅能用于提供互联网服务，还有着广阔的军事应用前景，其低轨通信星座能够让战场高清画面以近乎实时的方式进行传输等。

“星链”星座具有一些明显的技术特点：①全球无缝覆盖，接入方便；②时延小；③容量较大；④通过众多地面站和星间链路优化系统的性能和成本。另外，卫星大量采用标准化和商业化部件。单星的可靠性要求低，以便低成本大批量快速生产；星座容错备份能力强，无需商业保险。

总体来看，“星链”倾向于将自己定位为地面通信网络的补充。由于沙漠、山脉和海洋等环境因素，世界上还有一半的人口没有接入互联网，信息的匮乏限制了当地经济社会文化的发展。“星链”着力解决这一问题，着眼于大型电信公司未服务到的市场，解决“数字鸿沟”问题。对于航空、海事、农村等新兴细分市场，“星链”意在成为主要网络接入服务商。此外，业界一直对把特斯拉汽车与“星链”星座绑定寄予厚望。希望“星链”和物联网、无人驾驶、智能交通等应用相结合，提供丰富的场景与应用。

二、中国的“虹云”

目前，国际上有不少国家在进行低轨宽带通信系统的建设。但随着中国在这一技术上的大突破，已经基本实现与国际技术持平，甚至未来将后来居上，走在世界的前列。

事实上，我国自身也在建造类似于星链的卫星网络。由中国航天科工集团牵头的“虹云工程”计划发射156颗卫星，旨在为全球用户提供随时随地的网络服务。虹云工程被设计为通信延时非常低、全球覆盖，可满足全世界互联网欠发达地区、规模化集中化用户同时共享宽带接入需求。同时，也可以满足应急通信、远程操控等对信息交换实时性要求较高的客户需求。在一定程度上，虹云工程也是对抗SpaceX星链计划的一部分。届时，我国也有星载宽带全球移动互联网络，在以其极低的通信延时、极高的频率复用率、真正的全球覆盖，可满足中方及国际互联网欠发达地区、规模化用户单元同时共享宽带接入互联网的需求。

虹云工程是中国航天科工五大商业航天工程之一，旨在构建覆盖全球的低轨宽带通信卫星系统，以天基互联网接入能力为基础，融合低轨导航增强、多样化遥感，实现通、导、遥的信息一体化。该工程计划发射156颗卫星，它们在距离地面1000公里的轨道上组网运行，致力于构建一个星载宽带全球移动互联网络。据悉，虹云工程定位的用户群体主要是集群的用户群体，包括飞机、轮船、客货车辆、野外场区、作业团队以及一些偏远地区的村庄、岛屿等。无人机、无人驾驶行业等都是虹云工程未来可能服务的行业。虹云工程实现之后，进山区、出海、坐飞机没有移动信号将成为历史。

按照规划，整个虹云工程被分解为“1+4+156”三步。

第一步计划在2018年前，发射第一颗技术验证星，实现单星关键技术验证；第二步到“十三五”时期末，发射4颗业务试验星，组建一个小星座，让用户进行初步业务体验；第三步到“十四五”时期末，实现全部156颗卫星组网运行，完成业务星座构建（图2-11）。

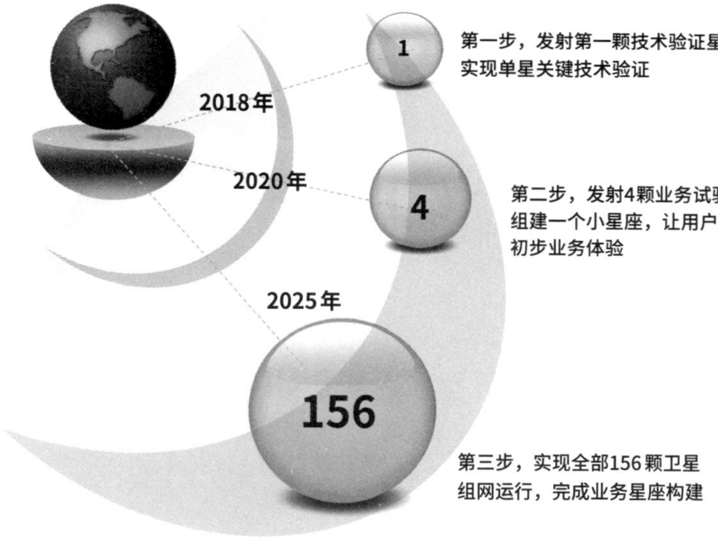

图2-11 虹云工程三步走规划

2018年底，虹云工程成功发射了首颗卫星，并计划在未来五年内全面完成部署，正式开展运营服务。虹云工程将于2022年左右完成星座部署，期望未来无论是南极和北极、世界屋脊和珠穆朗玛峰都可以上网，无论深处是沙漠、海洋，还是森林，都不会迷航或失联，无论是乘坐飞机、游轮、高铁，还是汽车，都不会有信号中断，都能享受到与在家里一样的上网速度和服务体验。

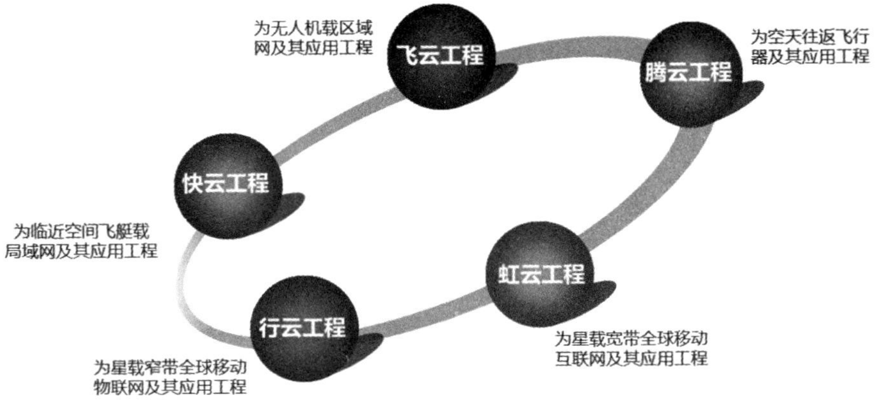

图2-12 中国商业航天五大工程

当然，中国航天科工集团的五大商业航天工程中，虹云工程只是其中之一，还有另外四个。五大工程分别为（图2-12）：

飞云工程：为无人机载区域网及其应用工程；

快云工程：为临近空间飞艇载局域网及其应用工程；

行云工程：为星载窄带全球移动物联网及其应用工程；

虹云工程：为星载宽带全球移动互联网及其应用工程；

腾云工程：为空天往返飞行器及其应用工程。

飞云、快云、行云、虹云、腾云“五朵云”为航天科工此前发布的商业航天蓝图。分别代表无人机载区域云网、临近空间飞艇载局域云网、星载窄带全球移动物联网、星载宽带全球移动互联网，以及空天往返飞行五大项目。

其中的“虹云工程”在中国首次提出建立基于小卫星的低轨宽带互联网接入系统。“小卫星”“低轨”“宽带”的组合设置，正是为了契合商业性的发展需求。虹云工程将以互联网接入为基础功能，具备通信、导航和遥感一体化、全球覆盖、系统自主可控的特点，以其高速率、低延时等特征，为全球用户提供通信、导航增强和遥感信息一体化综合服务。

第三节

物联网：万物互联的“新引擎”

物联网是将现实世界与信息技术紧密结合的系统。通过信息技术源源不断地获取从摄像头等各种传感器采集的现实世界的数据。同时，通过智能电网、智能交通系统等各种社会基础设施系统，直接或间接对人类在现实世界的活动产生着影响。

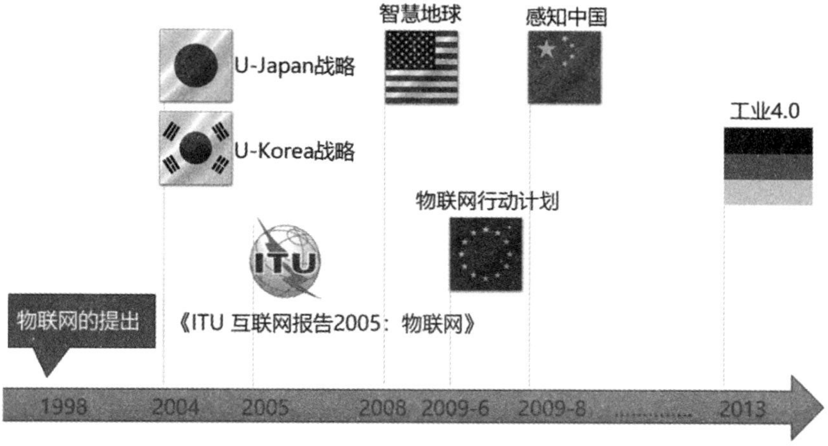

图2-13 物联网简史

1998年，美国麻省理工学院创造性地提出了当时被称作EPC系统的“物联网”的构想；1999年，美国麻省理工学院自动识别实验室（Auto-ID）首先提出“物联网”的概念，主要是建立在物品编码、RFID技术和互联网的基础上。过去，物联网在中国被称为传感网。

2004年，“物联网”这个术语开始出现在各种书名中，并在媒体上传播。日本和韩国相继将物联网上升为国家战略，要打造“U-Japan”和“U-Korea”。2005年ITU发布了重磅报告《ITU互联网报告2005：物联网》宣布物联网相对于互联网而言实现物与物联网将是未来的中亚基础设施。

2008年，美国提出“智慧地球”。同年，第一届国际物联网大会在瑞士苏黎世举行。正是这一年，物联网设备数量首次超过了地球上人口的数量。2009年欧盟和我国纷纷跟进布局物联网产业发展。

2013年，随着德国工业4.0的提出，物联网有了最大的落地场景——工业物联网（图2-13）。

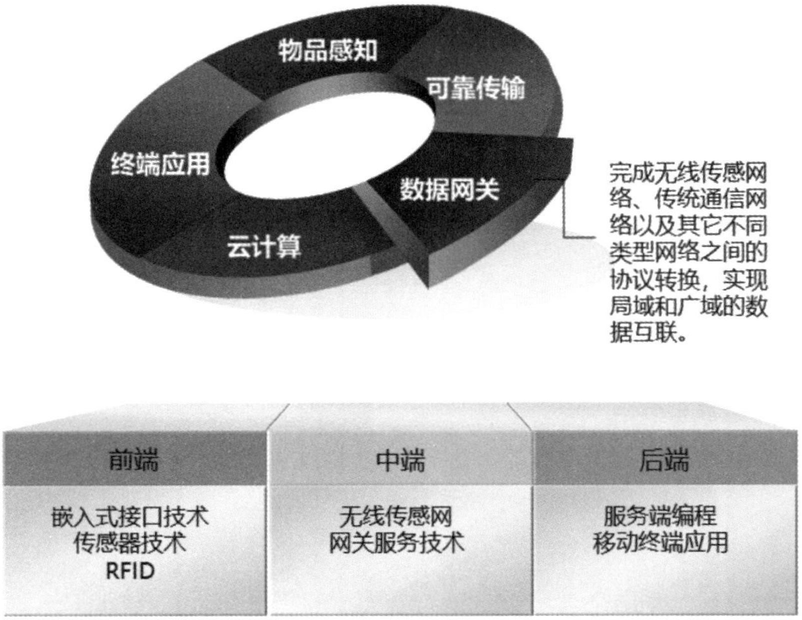

图2-14 物联网核心技术

物联网是通过智能感知、射频识别技术与普适计算、泛在网络的融合应用，被称为继计算机、互联网之后世界信息产业发展的第三次浪潮。物联网的主要目的在于使具有射频技术、红外传感技术或其他具有感知能力的新型传感设备，能够无缝融入互联网，实现相互之间的信息交换和进一步的智能识别、监控管理（图2-14）。

在物联网的信息感知领域中，由于无线传感网络技术的应用场景具有特殊性，其一般应用于局部区域内，网与网之间本身无法通信，也不适合于实现远程的数据传输，这使得传感设备节点形成了一个个信息孤岛，无法实现真正的全面互联互通、协同感知。此外，物联网应用中的感知技术种类繁多，采用不同的通信协议，根本无法实现互联互通。

数据网关，在未来的物联网时代将会扮演非常重要的角色，它将成为连接无线传感网络与传统通信网络的纽带，完成无线传感网络、传统通信网络以及其它不同类型网络之间的协议转换，实现局域和广域的数据互联。此外，物联网网关还需要具备设备管理功能，运营商通过物联网网关设备可以管理底层的各感知节点，了解各节点的相关信息，并实现远程控制。

从功能上讲，数据网关主要实现以下三个功能：

首先，感知网络接入的能力。物联网网关首先是具有对各节点属性、状态等信息的获取功能，即可以感知各节点的实时状态。其次是具有对节点的远程控制、唤醒、诊断等功能，即实现节点的自动化管理。

其次，异构网络互通的能力。数据网关接入必然存在跨域通信的要求，因此需要完善的寻址技术，以确保所有节点的信息都能被准确、高效、安全地进行定位和查询。随着物联网应用的发展，节点地址的数量会逐渐增大，且其编码结构与DNS中的域名结构不同，因此需要有一套与互联网不同的寻址技术以满足需求。

第三，通信与数据格式标准化。数据网关必须实现传感网络到传统通信网络的协议转换，将协议适配层上传输的标准格式数据进行统一封装，将广域接入层下发的数据解包成标准格式数据，实现命令的解析，之后转换为感知层协议可以识别的信号和控制指令。

数据网关的作用就是连接不同的通信系统，实现数据互通，所以首先要对不同系统进行物理连接，在物理连接的基础上，再根据不同系统的通信协议，利用协议允许的接口进行软件连接，通过数据接收、提取、发送的过程实现数据转发。因此，数据网关需要两个要素：接口和数据处理。现代计算机技术的发展带来的丰富的接口选择和强大的计算能力恰好为此提供了条件，一台具备相应接口的，安装了相应数据处理软件的计算机，就是一个数据网关。

数据网关的基本功能是进行不同通信协议间内容的翻译转换，但是对这个过程中的数据如何进行处理，或者如何使用这些数据，决定了数据网关的应用。根据对数据处理方式的不同，可将数据网关分成普通数据网关和专用数据网关两种。

通过数据网关，将生产线状态与原材料、辅助材料、成品等物流信息整合，整体分析各个流程，确定最佳调度方案，实现资源的高效利用，实现即时生产、减少中间环节、降低库存、节约物流成本的目标。

物联网与其他新技术如大数据、人工智能的深度融合，将形成诸多平台解决方案。人工智能将提供分析物联网设备收集的大数据的算法，识别各种模式，进行智能预测和智能决策。面向需求侧的消费性物联网，即物联网与移动互联网相融合的移动物联网，创新高度活跃，孕育出可穿戴设备、智能硬件、智能家居、车联网、健康养老等规模化的消费类应用；面向供给侧的生产性物联网，即物联网与工业、农业、能源等传统行业深度融合形成行业物联网，成为行业转型升级所需的基础设施和关键要素（图2-15）。

图2-15 物联网未来趋势

一、智慧城市

智慧城市发展进入新阶段，基于物联网的城市立体化信息采集系统正加快构建，智慧城市成为物联网应用集成创新的综合平台。以韩国智慧城市为例，主要通过物联网技术从五大方面提升城市管理水平（图2-16）。

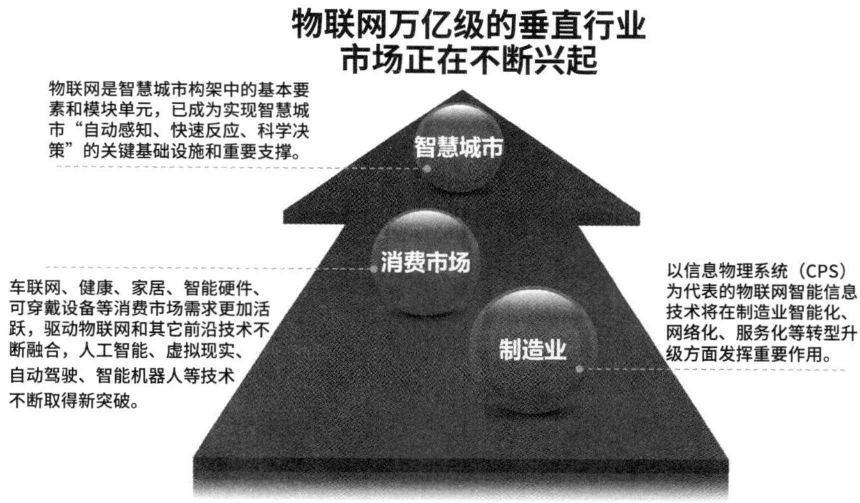

图2-16 物联网未来机遇

（一）城市设施管理

在道路、桥梁、学校、医院等城市基础设施之中搭建融合信息通信技术的泛在网平台，实现可以随时随地提供交通、环境、福利等各种物联网服务的城市。物联网城市是通过信息技术与环境技术综合管理城市生活中必不可少的电、水、建筑等构成要素而实现的环保、宜居的二十一世纪城市。

利用无线传感器网络，管理人员可以随时随地掌握道路、停车场、地下管网等设施的运行状态。例如，城市供水系统的管道漏水会浪费宝贵的水资源。韩国供水系统管道漏水率国平均水平为14.1%，大城市供水系统管道漏水率为

10%。漏水率每降低1%，一个城市一年可节约40万美元。利用基于无线传感器网络的城市设施综合管理系统，可以实时监测流量、水压和水质，对漏水情况及时进行处置。仅此一项，韩国一个城市一年平均可节约564万美元。

（二）城市安全

传统火灾监测需要配备高清晰度摄像机，而且很难区分火灾烟雾和自然雾气。利用红外摄像机和无线传感器网络，在监测火灾时，可以突破人类视野限制，提高火灾监测自动化水平。监控中心利用地理信息系统可以对火灾发生地点进行定位，大屏幕液晶显示器可以播放火灾现场情况，视频监控系统可以实时监控火灾现场。城市综合信息中心由传感器监测系统、集成数据分析系统、广播系统、外灯控制系统、门控系统、基于位置的短信服务系统、通风控制系统、三维地理信息系统等组成。当大楼遇到紧急情况时，城市综合信息中心可以监测现场，控制门、通风系统、灯等，通过广播、短信告之险情。韩国每年寻找走失儿童的社会代价是47.6亿美元，平均每个走失儿童56万美元。有的韩国城市在街头安装智能视频监控系统，该系统可以进行人脸识别，当探头发现走失儿童时，就可以向警察发出报警信息。

（三）城市环境

U-环境系统可以自动给市民手机发送是否适宜户外运动的提示，市民还可以实时查询气象、交通等方面的信息。据统计，可吸入颗粒物污染程度最高的城市与最低的城市的死亡率相差17%。而72.8%的可吸入颗粒物在道路表面，多数来自汽车和沙尘。利用U-环境系统，可以根据空气可吸入颗粒物浓度，自动开启道路洒水系统，不但可以减少可吸入颗粒物，还可以降低城市热岛效应。U-环境系统一般由空气污染监测系统、清洁道路系统、水循环系统组成。

（四）城市交通

U-交通系统是智能交通系统发展的高级阶段。U-交通系统一般包括公交信息系统、残疾人支持系统、公共停车信息系统、智能交通信号控制系统、集成控制中心组成，并与U–环境、U–物流、U–安全等系统互联互通。安装在公交车上的全球卫星定位系统可以给公交车实时定位，并计算与下一站的距离，然后将公交车位置和距离信息发送给公交车站电子显示屏，乘客可以知道某路车预计到达时间。安装在路口的传感器可以感知路口车辆，智能交通信号控制系统可以根据各路口的车辆数来决定红绿灯时间，提高路口通行效率。市民开车到某地，就可以通过公共停车信息系统知道附近停车位信息。如果某个市民想去某地，U–交通系统可以根据交通情况选择一条最优线路，并给市民实时导航。韩国在许多斑马线安装有传感器，当带有RFID的老人、残疾人或小孩过马路时，U–交通系统就能感知，适当延长红灯时间，保证老人或小孩顺利通过。路边还安装有电子测速传感器。如果某汽车在接近路口时速度超过规定速度，系统就会报警，提醒司机减速慢行。

（五）城市生活

韩国首尔不少街道或广场安装有一种生态友好的媒体显示屏，这种显示屏利用电子芯片，可以使LED的能耗降低26.7%。通过不同环境背景下的亮度控制，可以使显示屏能耗降低18%。首尔有条媒体街，街道两边立有许多媒体柱。媒体柱包括街灯、视频监控探头、LED、网络摄像头、触摸屏、脚灯/安全后灯、麦克风。媒体柱具有上网、拍照、玩电子游戏具有等娱乐功能，还可以进行电子投票。

二、智能终端

2012年，因Google眼镜的亮相，被称作“智能可穿戴设备元年”。在智能手机的创新空间逐步收窄和市场增量接近饱和的情况下，智能可穿戴设备作为智能终端产业下一个热点已被市场广泛认同。2013年，各路企业纷纷进军智能可穿戴设备研发，争取在新一轮技术革命中分一杯羹。

可穿戴设备多以具备部分计算功能、可连接手机及各类终端的便携式配件形式存在，主流的产品形态包括以手腕为支撑的watch类（包括手表和腕带等产品），以脚为支撑的shoes类（包括鞋、袜子或者将来的其他腿上佩戴产品），以头部为支撑的Glass类（包括眼镜、头盔、头带等），以及智能服装、书包、拐杖、配饰等各类非主流产品形态。

人工智能与可穿戴智能设备融合带来全新的科技体验。可穿戴设备包含智能手表、智能眼镜、智能服装、计步器等多种产品形态，通过采用感知、识别、无线通信、大数据等技术实现用户互动、生活娱乐、医疗健康等功能，为佩戴者提供一个完美的科技体验。可穿戴智能设备将会成为人的一部分，作为传感器的载体，进一步补充和延伸人体感知能力，实现人、机、云端更高级、无缝的交互，实现情景感知。

近些年来，以可穿戴设备为代表的智能终端正在快速普及，很多人都已经开始用上了智能终端，开始享受智能化应用给我们生活带来的改变。除了智能手机、智能手表、智能手环这些产品之外，我们看到现在生活中的很多产品也逐渐开始了智能化的趋势。智能终端以及移动互联网应用，是数字经济的重要入口和网络化、智能化的实现载体，大力培育和发展智能终端等新兴产业集群，是推动我国经济新旧动能转换、实现高质量发展的必然要求。

特别是进入物联网时代，各个环节相互渗透，突出表现在通信技术和人工智能技术相互交融，终端变得更加智慧；智能手机和智能硬件形态相互渗透，终端形态更加丰富；终端产业和传统制造业的结合更为紧密；同时，核心芯片、关键器件、应用开发以及生产制造多个环节的联系日益紧密。

三、智能家居

智能家居是人们的一种居住环境，其以住宅为平台安装有智能家居系统，实现家庭生活更加安全、节能、智能、便利和舒适。以住宅为平台，利用综合布线技术、网络通信技术、智能家居-系统设计方案安全防范技术、自动控制技术、音视频技术将家居生活有关的设施集成，构建高效的住宅设施与家庭日程事务的管理系统，提升家居安全性、便利性、舒适性、艺术性，并实现环保节能的居住环境。

传统家居受到物理空间、操控方式等因素限制相对繁琐，智能家居允许多种方式控制，减少了人的操作；传统家居需要手动调节和控制，智能家居具备许多人性化的功能，自动反馈的联动控制让家庭生活更加舒适；传统家居多采用物理安防，智能家居不仅能够远程实时监控，更可以基于生物特征的身份识别提高家庭安全级别；传统家居的节能依靠人的自觉，智能家居用传感器将家电、门窗、水气统筹起来，依据环境自动做出合理安排。

近几年来，家居生活正在不断走向智能化。人工智能在家居领域的应用场景主要包括智能家电、对讲系统、防盗报警、电锁门禁等家庭安防系统，智能照明系统、电器控制系统、智能遮阳窗帘、智能家电等家电智能控制系统，暖通空调系统、太阳能与节能设备等家庭能源系统，以及智能家居控制中心等，通过将生物特征识别、自动语音识别、图像识别等人工智能技术应用到传统家居产品中，实现家居产品智能化升级。

从政策来看，国家从政策层面不断支持智能传感、物联网、机器学习等技术在智能家居产品中的应用，提升家电、智能网络设备、水电气仪表等产品的智能水平、实用性和安全性，发展智能安防、智能家具、智能照明、智能洁具等产品，建设一批智能家居测试评价、示范应用项目并推广。在《新一代人工智能发展规划》中，也要求加强人工智能技术与家居建筑系统的融合应用，提升建筑设备及家居产品的智能化水平。研发适应不同应用场景的家庭互联互通协议、接口标准，提升家电、耐用品等家居产品感知和联通能力。支持智能家居企业创新服务模式，提供互联共享解决方案。

从经济角度来看，人均可支配收入持续增加，家庭消费能力不断增强。从社会角度来看，一是移动互联网用户数量超过10亿户，为智能家居的远程控制提供了基础。二是消费者对智能家居产品的认知不断提升，消费升级带动智能家居消求增长。从技术角度来看，人工智能技术的进步，推动智能家居产业快速发展。

对于智能家居来说，功能和体验是其两大关键属性。产品所具备的智能功能是吸引消费者溢价购买的根本动力，通过增加5G通信模块、传感器等，智能家居相比传统的家居产品能够更好地应对用户的操作需要和适应环境的变化。在此基础上，出色的交互体验会为产品带来差异化的竞争优势。当前智能家居的交互方式已经越来越多样化，从最早的触屏+App开始向解放双手的语音交互、生物识别等延伸。智能语音技术的进步和头部玩家对音箱类产品的高度重视，正在不断推动语音交互在更多智能家居场景中落地应用。

智能家电作为人们生活中不可或缺的一部分，其自身的智能化发展是必然的趋势。物联网技术也将作为一项基本技术嵌入智能家居系统中。未来，基于物联网的智能家居系统将会是市场主流，即将所有家电产品的控制、数据分析等集中到一个智能终端上，在终端上通过紧紧粘合消费者的细节需求、情感需求、关爱需求等，为用户提供可以无限延伸的、个性化的服务，通过人和产品之间、产品和产品之间的交互，构建一体化的智能家居。

● 智能厨房

允许远程和多交互方式操控厨房电器，通过收集、分析厨房场景中的数据，进行智能菜谱推荐，实现食材的一键下单。

● 智能影音娱乐

以家庭影院和背景音乐系统为中心，通过智能电视、音箱等产品实现远场语音交互，同时根据喜好智能推荐节目。

● 智能卫浴

由智能马桶、智能浴缸、智能淋浴房等产品构成，能够进行远程控制和自动化控制，兼顾节能环保的目标。

第四节

工业互联网：产业发展的“新平台”

工业互联网是满足工业智能化发展需求，具有低时延、高可靠、广覆盖特点的关键网络基础设施，是新一代信息通信技术与先进制造业深度融合所形成的新兴业态与应用模式，将成为新工业革命的关键支撑和深化“互联网

+先进制造业”的重要基石，对未来工业发展产生全方位、深层次、革命性影响。

2017年11月国务院发布《关于深化“互联网+先进制造业”发展工业互联网的指导意见》，提出工业互联网要打造人、机、物全面互联的新型网络基础设施，形成智能化发展的新兴业态和应用模式，是推进制造强国和网络强国建设的重要基础，是全面建成小康社会和建设社会主义现代化强国的有力支撑（图2-17）；2019年11月，工信部印发《“5G+工业互联网”512工程推进方案》，提出将5G网络的优势与工业互联网强势结合，产业发展内涵进一步提升。

图2-17 工业互联网战略

工业互联网的愿景是工厂的无线网络化与智能化。因此，工业互联网是以新网络和新平台为新基建，所有的机器设备、零部件和产品等制造元素不再是独立的个体，它们通过工业互联网紧密联系在一起，实现更柔性和高效的制造系统；工业互联网是以新生态、新价值开创新变革，所有的解决方案、服务和供应体系不再是独自地升级，它们通过工业互联网深度地融合为一体，实现更智能和协同的网络系统（图2-18）。

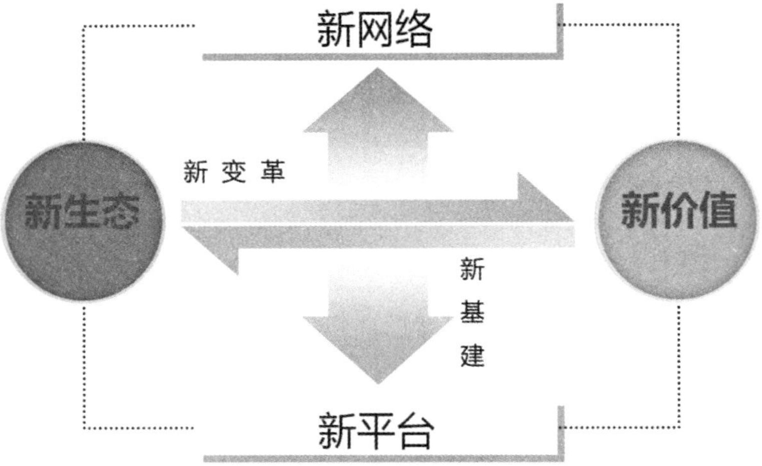

图2-18 工业互联网的“六新”

一、新网络：开启互联网下半场

纵观数十年互联网发展历程，我们会发现大多数互联网应用是以个人为用户，以电子商务、搜索引擎等日常生活为应用场景的应用形式，是一种满足消费者在互联网中的消费需求而生的消费互联网，也因此被称为互联网的上半场。而随着互联网技术的成熟，不断与产业深度融合发展，互联网的下半场正在开启，那就是工业互联网。消费互联网主要关注需求侧，工业互联网主要关注供给侧，并且还要在更高的维度构建新的生产模式和新的消费模式。

传统制造业时代，材料、能源和信息是工厂生产的三个要素。传统制造业发展的历史就是工厂利用材料、能源和信息进行物质生产的历史。材料、能源和信息领域的任何技术革命必然导致生产方式的革命和生产力的飞跃发展。但是，随着互联网和云计算、大数据技术的发展，计算机到智能手机、智能穿戴等移动终端的演进，越来越多功能强大的智能设备以无线方式实现了与互联网或设备之间的互联，由此衍生出物联网、服务互联网和工业互联网，推动着物理世界和信息世界以信息物理系统的方式相融合。也可以说，是这种技术进步使得制造业领域实现了资源、信息、物品、设备和人的互通互联（图2–19）。

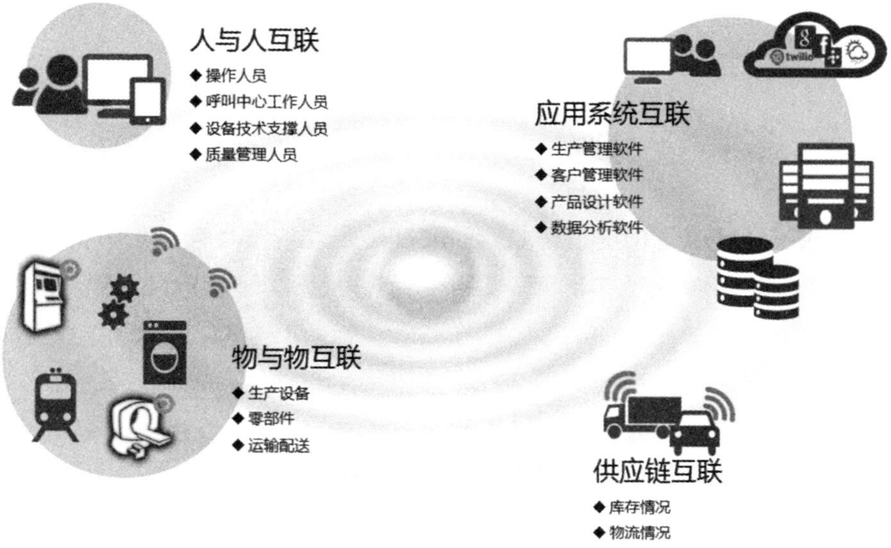

图2-19 工业互联网：人、机、物全面互联的新型网络基础设施

而未来，通过互通互联，云计算、大数据等新技术，与传统的自动化技术结合在一起，生产工序将实现纵向系统上的融合，生产设备和设备之间、工人与设备之间的合作，把整个工厂内部连接起来，形成工业互联网，互相之间可以合作、可以响应，能够开展柔性化的生产制造，可以调整产品的生产率，还可以调整利用生产资源的多少、大小，采用最节约资源的方式。

因此，随着互联网与先进制造业的深度融合，许多国家、企业都意识到工业互联网是未来工业的顶级生态系统，将对未来工业发展产生全方位、深层次、革命性影响。工业互联网需要设备通过网络连接到云端，基于超高计算能力的平台，并通过大数据和人工智能对生产制造过程进行实时运算控制。企业将大量算力和数据存储功能移到云端，这将大幅降低设备的硬件成本和功耗。与此同时，自动化设备在原有的控制功能基础上，通过拓展一些新功能，就可以实现产品生命周期管理、安全性、可追溯性与节能减排等智能化要求。这些为生产设备添加的新功能是指通过为生产线配置的众多传感器，让设备具有感知能力，将所感知的数据通过无线网络传送到数据中心，通过大数据分析决策，进一步使得自动化设备具有自主管理、自主学习和自我优化的智能功能，从而实现设备的智能化。

二、新平台：打造工业操作系统

随着美国通用电气公司（GE）推出的Predix 工业互联网平台被称为“工业操作系统”，其中有很多模块可以由各个企业根据其行业背景，进行选择性组合，构建适用于自己的解决方案。Predix 是面向工业领域的基于工业大数据的云平台，主要是三层架构：底部是提供基础设施服务的IaaS 层，中间是平台PaaS 层，最上端是软件及服务层SaaS。Predix 利用这三层云计算架构，将各种工业设备或机器以及供应商等相互连接，提供资产性能管理（Asset Performance Management，简称：APM）和运营优化服务，每天监控和分析来自数万亿设备资产上的千万个传感器所发回的5000多万条大数据，帮助客户优化资源配置和业务流程，减少风险和实现100%无故障运行。

平台作为“工业操作系统”的定位，既考虑了设备、软件、用户、开发者及数据等不同要素的管理与服务能力，同时又考虑了平台的基础技术和投入产出要求，这需要涉及将这些数据数字化并累积成足够的数据库，需要大量的基础设施建设。因此，工业互联网平台主要包含三个层面：

第一层面：数据产生。工业互联网的基础是大量的数据，而传感器是获得多维工业数据的感官。工业互联网时代，传感器遍布各项资产，因此系统可不断从新兴与传统渠道抓取数据集，确保数据持续更新，并反映当前情况。除了设备状态信息以外，工业互联网平台需要收集工作环境(如温度、湿度)、原材料的良率、辅料的使用情况等相关信息，用以预测未来的生产和销售趋势。这就需要部署更多类别和数量的传感器。如今，使用数量较多的传感器包括压力、位移、加速度、角速度、温度、湿度和气体传感器等。一些传感器可以提供监视输出信号，为预测设备故障做出数据支持，可以帮助确认库存中可用的原材料，可代替指示表更精确地读数以及在环境恶劣的情况下收集数据；还有一些传感器可用来监测通过网关和云的数据传输，维护数据安全等。通过“感知工业过程，采集海量数据”，工业互联网须确保基本流程与物料的互联互通，以生成实时决策所需的各项数据，大幅改善劳动条件，减少生产线人工干预，提高生产过程可控性，最重要的是借助互联网打通企业的各个流程，实现从设计、生产到销售等各个环节的互联互通，并在此基础上实现资源的整合优化，从而进一步提高企业的生产效率和产品质量。与此同时，通过整合来自运营系统、业务系统以及供应商和客户的数据，可全面掌控供应链上下游流程，从而提高供应网络的整体效率。

第二层面：数据存储。得到大量数据后，如何将数据传输至云端呢？这需要依托先进的工业级5G移动通信技术。和过去在车间内直接对数据进行简单响应不同，企业需要把不同车间、不同工厂、不同时间的数据汇聚到同一个云数据中心，进行复杂的数据计算，以训练出有用的数学模型。这就对工业通信网络架构提出新要求，推动标准化通信协议及5G 等新的技术在车间里的普及。

第三层面：打通供应链各个环节数据流，实现产品生命周期全过程数字化和智能化。一方面，供应链各个环节之间的物流会产生大量的数据。这些物流信息的收集能够帮助物流行业提升效率，降低成本。未来的工业互联网，通过智能化收集、集成，处理物流的采购、运输、仓储、包装、装卸搬运、流通及配送等各个环节的信息，实现全面分析及时处理及自我调整。另一方面，未来的工业生产将以数字化方式为物理对象创建虚拟模型，来模拟其在现实环境中的行为。通过搭建整合制造流程的数字孪生生产系统，能实现从产品设计、生产计划到制造执行的全过程智能化，将产品创新、制造效率和有效性水平提升至一个新的高度。

可以说，工业互联网平台将与未来多项先进科技相结合，实现资源利用、生产效率和经济收益的最大化。例如，借助5G高速移动通信网络，采集关键装备制造、生产过程、能源供给等环节的能效相关数据，使用能源管理系统对能效相关数据进行管理和分析，及时发现能效的波动和异常，在保证正常生产的前提下，相应地对生产过程、设备、能源供给及人员等进行调整，实现生产过程的能效提高；使用企业资源计划（Enterprise Resource Planning，简称：ERP）系统进行原材料库存管理，包括各种原材料及供应商信息。当客户订单下达时，ERP 自动计算所需的原材料，并根据供应商信息即时计算原材料的采购时间，确保在满足交货时间的同时做到库存成本最低，甚至为零。

三、新生态：拓展各类服务应用

GE的工业互联网平台Predix是一个大的生态布局。GE计划将Predix平台开放给所有工业合作伙伴，期望未来形成一个巨大、完善的生态系统，由各个企业或个人积极开发具有行业辐射效果的工业应用软件（APP），并在此平台上发布共享、互相借鉴、互惠互利（图2-20）。

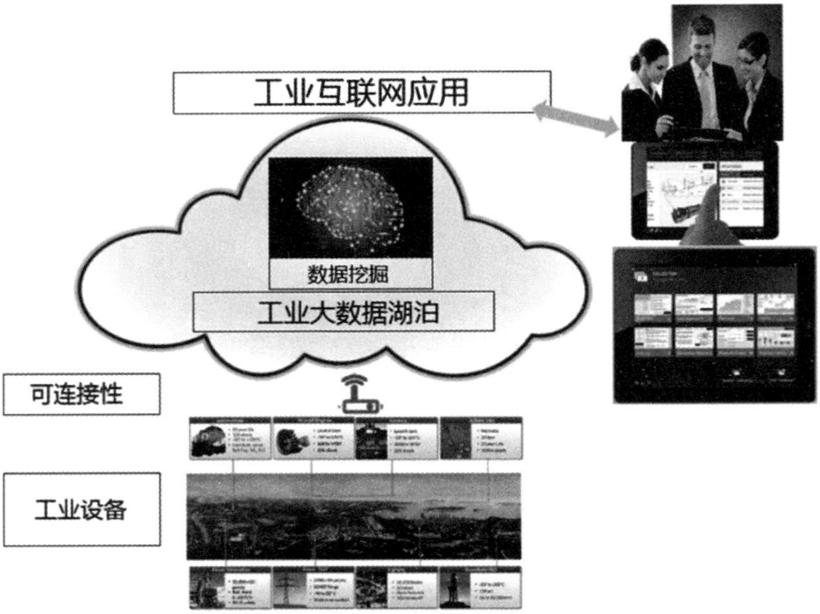

图2-20 GE工业互联网中的工业APP

工业互联网生态一旦建立，一方面，极大加速工业大数据湖泊中大数据的积累，加速行业共性大数据的储备，为工业大数据解决方案的进一步发展提供重要的储备，也为制造业整体的发展奠定数据基础；另一方面，许多企业都可以调用平台功能及资源，提供开放的工业APP 开发环境，实现工业APP 创新应用。

三一重工等国内代表性制造业企业已经初步建成工业互联网云平台，已经可以通过对产品实时工况监控数据的分析挖掘，优化产品的维护保养计划并反哺新品研发。例如：三一重工的“根云”工业互联网平台上，产品制造商、维护服务商、产品最终用户及平台运营商等各取所需、合作共赢，形成了以数据和服务为核心的产业生态。通过工业APP，建立智能装备/产品远程运维服务平台，能够对装备/产品上传数据进行有效筛选、梳理、存储与管理，并通过数据挖掘、分析，向用户提供日常运行维护、在线检测、预测性维护、故障预警、诊断与修复、运行优化及远程升级等服务。平台一方面依托实时准确的数据采集技术，检测设备、部件的运行状态，对设备的运行状态和生命周期使用寿命进行统计，对异常设备和接近使用寿命的设备进行预警；另一方面，通过智能分析设备运行的数据，为设备维护管理人员提供精确维修对策方案选项，真正减少不可预测因素对生产的影响，如设备性能劣化、精度衰减、能力损失、结构性偏差及自然老化等。这样才能做到彻底改变被动等待维修的困局，实现由经验性维修到预测性维护的转变。在一个工业互联网中，员工与系统可预见即将出现的问题或挑战，并提前予以应对，而非静待问题发生再做响应。这一特征包括识别异常情况，储备并补充库存，发现并提前解决质量问题以及监控安全与维修问题。工业互联网能够基于历史与实时数据，预测未来成果，从而提高正常运行时间、产量与质量，同时预防安全问题。

苏畅工业互联网技术研究院打造的苏畅工业互联网平台基于管理层、服务层、数据层、物理层及模拟层等维度，全面支持企业业务的构建、发展和创新，实现生产过程中的经济可靠和稳定优化运行。平台利用计算机技术、虚拟现实技术、仿真技术对流程工业的静态和动态属性、数字化生产规划、数字化生产过程进行管理和优化，具体包括：通过建立工厂级的制造系统数字化环境，实现制造系统规划和设计的自动化；利用工业APP建立制造系统的模型，以数字化形式在计算机上全面实现生产制造的过程、规划和仿真，为制造系统设计及实际生产系统运行控制提供有效的辅助手段（图2-21）。

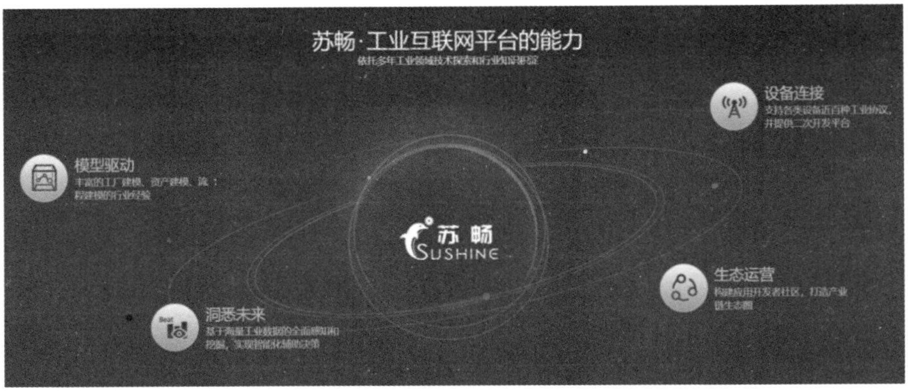

图2-21 苏畅工业互联网平台
图片来源：苏畅工业互联网技术研究院

传统工厂存在模型不能共享、缺乏动态更新、智能应用不足等短板。工业互联网平台能够培育产业新型业态的功能也在工业领域逐步显现，不仅催生出工业APP的新业态，还带动工业企业创新形成了一批制造业服务化转型的新模式。许多制造企业已开始在多个领域采用智能制造的方式，如利用实时生产和库存数据进行先进计划与排产，或利用虚拟现实技术进行设备维护等。而工业互联网是更为整体性的智能供应链实践，不仅仅转变工厂车间，更影响整个企业和更大范围内的生态系统。

四、新价值：赋能产业上中下游

工业互联网代表了从传统自动化向智能化、网络化和柔性化生产的飞跃。大体看来，工业互联网平台发展整体呈现以下三大特征。一是，能够整合全系统内的物理资产、运营资产和人力资本，推动制造、维护、库存跟踪、通过数字孪生实现运营数字化以及整个制造网络中其他类型的活动；二是，能够从互联的运营和生产系统中源源不断地获取数据，从而了解并适应新的需求；三是，能够使系统效率更高也更为敏捷，生产停工时间更少，对工厂或整个网络中的变化进行预测和调整适应的能力更强，从而进一步提升市场竞争力。

第一特征：泛在连接。在RFID、传感器等物联网技术的支持下，工厂内的物理设备（生产线、生产设备、零部件等）将实现物与物之间的互联。把制造的资源和能力，包括人、构成服务的云，传递给终端和云制造服务终端的平台，使得用户能够随时随地按需获取所需要的制造资源和能力，对制造全系统、全生命周期里边的人及物进行智慧地感知、互联、协同、学习、分析、预测、决策、控制和执行。

工业互联网具备对设备、软件、人员等各类生产要素数据的全面采集能力之后，企业可更加全面清晰地了解其资产与系统，有效应对传统企业所面临的挑战，最终提高生产率，更加灵活地响应不断变化的供应商及客户情况。在未来，工厂中每个物体都是一个有唯一工业互联网标识的终端，使生产环节的原材料都具有“信息”属性，原材料会根据“信息”自动生产和维护。工人和带有唯一工业互联网标识的原料、设备、产品进行信息交互。除了大幅缩短工期之外，还能大幅降低成本。工业互联网将成为实现未来工业体系中智能企业和智慧管理的基础，也将是在联通的复杂世界中整合各种资源和价值的有效手段。

第二特征：云化服务。工业互联网实现基于云计算架构的海量数据存储、管理和计算，从而使得制造管理、产品设计、产品服务生命周期和供应链管理、客户关系管理有机地融合在一个完整的企业与市场的闭环系统之中，使企业的价值链从单一的制造环节向上游设计与研发环节延伸，企业的管理链也从上游向下游生产制造控制环节拓展，形成一个集成了工程、生产制造、供应链和企业管理的网络协同制造系统。如今，网络化的信息空间和现实化的物理空间可共同组成协同空间，信息空间对未来制造业的发展和竞争力将产生至关重要的影响，未来制造业将进入虚实交互的协同时代。未来的智能制造形态将是把制造商、零部件供应商、销售商乃至消费者搬到线上，构成生产资源、人力物力、研发创新的网络协同结构，主要目的是实现市场与研发的协同、研发与生产的协同、管理与通信的协同，从而形成一个完整的制造网络，由多个制造企业或参与者组成，它们相互交换商品和信息，共同执行业务流程。企业、价值链和产品生命周期这三个维度贯穿于各个价值链中的制造参与者之间。

通过“云化服务”实现并行制造（Concurrent Manufacturing，CM）之后，

各个工艺流程都将并行化、透明化、扁平化，实现真正意义上的智能制造。并行化的智能制造过程将通过利用网络世界无限的数据和信息资源，突破物理世界资源有限的约束。这样一来，可以一边设计研发，一边采购原材料零部件；一边组织生产制造，一边开展市场营销，从而降低了运营成本，提升了生产效率，缩短了产品生产周期，也减少了能源使用。

工业互联网还具有较强的渗透性，可从制造业扩展成为各产业领域网络化、智能化升级必不可少的基础设施，通过“云化服务”实现产业上下游、跨领域的广泛互联互通，打破“信息孤岛”，促进集成共享，从根本上改变生产流程，大幅增强与供应商和客户之间的关系。工业体系行业众多，发展基础和阶段升级目标各不相同，各个行业对于智能制造实施方案的需求差异较大。受限于资金投入不足、技术研发周期较长、工艺壁垒和市场风险等因素，单个厂商提供的解决方案很难满足各个细分行业的智能制造发展需要，企业间需采取联手合作、优势互补的策略，不断加强协同创新，以补全、完善和提升智能制造系统解决方案能力。

第三特征：知识积累。工业互联网能够提供基于工业知识机理的数据分析能力，并实现知识的固化、积累和复用。通过工业互联网平台赋能，企业可以快速适应进度以及产品迭代变更，并将其影响降至最低。还可根据正在生产的产品以及进度调整，自动配置设备与物料流程，进而实时掌控这些变更所造成的影响。此外，还促使在进度与产品发生变更时，最大程度上降低调整幅度，从而提高运行时间与产量，并确保灵活的进度安排。

工业互联网平台的核心竞争力体现在工业知识与大数据、人工智能技术的深度融合应用，加速知识创新和价值创造。借助万物互联，产品和原料全被直接连接到各类相关的知识和经验数据库。在故障诊断时，可参考海量的经验和专业知识，提高问题定位精准度，从而实现产品全生命周期管理（Product Lifecycle Management，简称：PLM），管理产品从需求、规划、设计、生产、经销、运行、使用及维修保养直到回收再用处置的全生命周期中的信息与过程。

此外，有了“知识积累”的工业互联网具备制造能力的共享，通过数据模型的加工融合和优化，制造能力的平台部署和平台交易部署和实现可以资源共享，达到了可共享的制造资源。通过大数据分析制造能力的供需精准对接，实现制造资源按需求动态配置的同时，实现对其他企业的知识赋能，让其他企业瞬间掌握生产管理经验。

传统工业经济正在向数字经济过渡，以数字化、网络化、智能化为主要特征的第四次工业革命正在汹涌而来。而工业互联网无疑是数字经济的重要引擎，是工业4.0的关键基础设施。唯有加快工业互联网发展，才能加速实现智能制造，更高效率、更加动态、更加精准地优化生产和服务等资源的配置，才能促进传统产业升级，带动企业数字化转型，催生新技术、新业态、新模式，为经济社会发展提供新动能。

第五节

人工智能：数字经济的“生产力”

人工智能是研究、开发用于模拟、延伸和扩展人类智能的理论、方法、技术及应用系统的一门新的技术科学。自20世纪50年代以来，人工智能开始走进大家的视野。学界和业界对人工智能的理解也众说纷纭，科技和商业的多元化发展导致对人工智能的定义、发展动力以及表现形式的理解各异。通常来讲，人工智能可以分为类人行为（模拟行为结果）、类人思维（模拟大脑运作）、泛（不再局限于模拟人）智能。

纵观人工智能发展简史，从1956年人工智能概念提出以来，人工智能经历了三个发展高潮。人工智能一词最早是在1956年达特茅斯会议上首先被提出的。该会议确定了人工智能的目标是“实现能够像人类一样利用知识去解决问题的机器”。由此，也引发了人工智能的第一次高潮。第一阶段的人工智能以神经元模型和图灵测试为代表，但是缺乏理论和技术支撑，以至于20世纪80年代跌入低谷。在算法方面，主要致力于研究模拟人的神经元反应过程，从训练样本中自动学习，完成分类任务。但当时，人工智能技术在本质上只能处理线性分类问题，就连最简单的疑惑题都无法正确分类。许多应用难题并没有随着时间推移而被解决，神经网络的研究也因此开始陷入停滞。

人工智能的第二次高潮始于20世纪80年代。机器学习成为了人工智能发展的新阶段，针对特定领域的专家系统也在商业上获得成功应用，人工智能迎来了又一轮高潮。然而，应用领域狭窄、知识获取困难等问题使得人工智能的研究进入第二次低谷。随着90年代专家系统和机器学习的发展，人工智能开始产业化，迎来了第二次高潮。但是好景不长，由于人工智能基础设施不够完善、技术不够成熟，2000年左右人工智能再度失去热度。

人工智能的第三次高潮始于2010年代。伴随着大数据时代的到来，人工智能有了源源不断的“数据粮食”供给，深度学习等高级机器学习算法的出现引起了广泛的关注，网络的深层结构也能够自动提取并表征复杂的特征，避免传统方法中通过人工提取特征的问题。同时，深度学习被应用到语音识别以及图像识别中，取得了非常好的效果。直到2010年以来随着深度学习、群体学习等新一代人工智能技术的发展，人工智能才迎来它的第三次高潮，走入大家的视野（图2-22）。

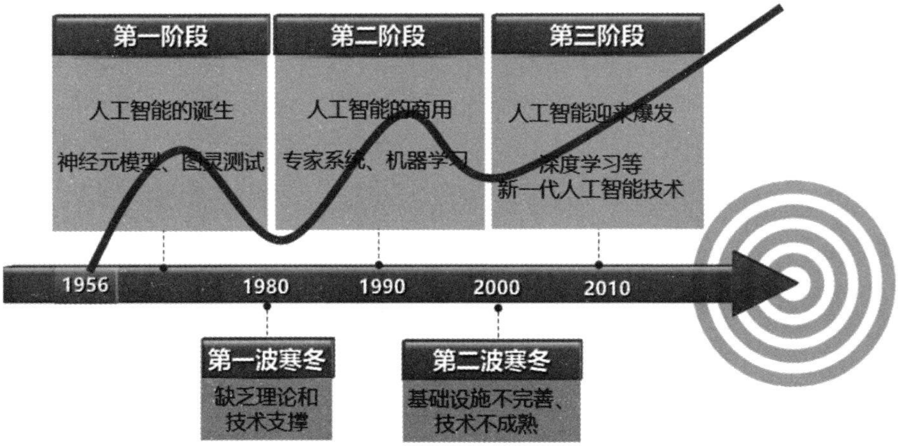

图2-22 人工智能简史

经过60多年的演进，特别是在移动互联网、大数据、超级计算、传感网、脑科学等新理论新技术以及经济社会发展强烈需求的共同驱动下，人工智能加速发展，呈现出深度学习、跨界融合、人机协同、群体智能、自主操控等新特征。大数据驱动知识学习、跨媒体协同处理、人机协同增强智能、群体集成智能、自主智能系统成为人工智能的发展重点，受脑科学研究成果启发的类脑智能蓄势待发，芯片化硬件化平台化趋势更加明显，人工智能发展进入新阶段。

2016年对于人工智能来说是一个“里程碑”式的年份。2016年3月，AlphaGo大胜围棋九段李世石，让近10年来再一次兴起的人工智能技术走向台前，进入公众的视野。过去几年中，科技巨头已相继成立人工智能实验室，投入越来越多的资源抢占人工智能市场，甚至有些企业整体转型为人工智能公司，加紧筹谋人工智能未来布局。我国和一些国家政府都把人工智能当作未来的战略主导，出台战略发展规划，从国家层面进行整体推进，迎接即将到来的人工智能时代。

这一次人工智能的兴起，不仅仅是实验室研究，好理论和关键共性技术的研究与商业化同时推进，使得人工智能涌现出更多的产品化、解决方案和服务化落地应用案例，让公众真实感受到了它的存在。尤其是在影像解析、语音识别、卫星导航和自然语言处理等基于深度学习算法应用的领域正在迅速产业化，产业竞争的赛道也随之开启。

人工智能之所以在当今时代迎来成熟，主要有三方面原因：新一代信息技术的快速发展、社会新需求的爆发和基础目标的变迁。从新一代信息技术来看，5G、大数据、移动计算、超级计算、可穿戴设备、物联网、云计算、社交网络、物联网、搜索引擎等驱动人工智能升级；从社会新需求爆发来看，智慧城市、智能医疗、智能交通、智能教育、智能环保、智能政务等消费升级需要人工智能；从基础目标变迁来看，大数据、多媒体、传感器网、增强实现（AR）、虚拟实现（VR）等，新一代的人工智能将从计算机模拟人的智能到人机智能、再到群体智能等。

因此，2017年7月，国务院发布的《新一代人工智能发展规划》将发展智能经济作为主要任务之一，要求加快培育具有重大引领带动作用的人工智能产业，促进人工智能与各产业领域深度融合，形成数据驱动、人机协同、跨界融合、共创分享的智能经济形态。数据和知识成为经济增长的第一要素，人机协同成为主流生产和服务方式，跨界融合成为重要经济模式，共创分享成为经济生态基本特征，个性化需求与定制成为消费新潮流，生产率大幅提升，引领产业向价值链高端迈进，有力支撑实体经济发展，全面提升经济发展质量和效益。

伴随着新一代人工智能技术的发展，真实的应用场景不断地涌现。如智能制造、智能农业、智能物流、智能金融、智能商务、智能家居、智能教育、智能医疗、智能健康与养老、智能政务、智慧法庭、智慧城市、智能交通、智能环保等领域，新一代人工智能与经济社会模型紧密结合，开始发挥出其真正的价值，使得发展智能经济、建设智能社会成为可能（图2-23）。

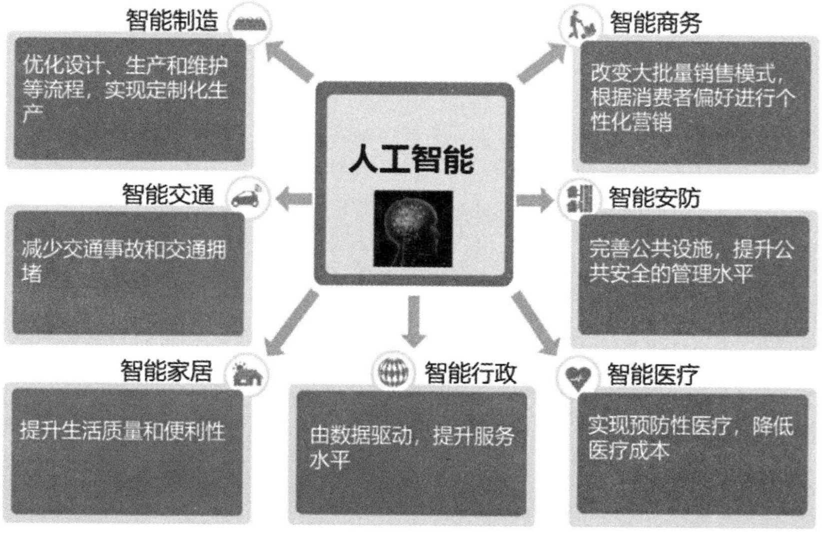

图2-23 人工智能将融入各行各业

2019年3月5日上午，国务院总理李克强作政府工作报告时称，要打造工业互联网平台，拓展“智能+”，为制造业转型升级赋能。同时，政府工作报告还说，要促进新兴产业加快发展，深化大数据、人工智能等研发应用，培育新一代信息技术、高端装备、生物医药、新能源汽车、新材料等新兴产业集群，壮大数字经济。

这是继“互联网+”被写入政府工作报告之后，“智能+”第一次出现在总理报告中。政府工作报告将人工智能升级为“智能+”，作为国家战略的人工智能正逐渐与产业融合，加速经济结构优化升级，对人们的生产和生活方式产生深远的影响。

据普华永道预测，2017—2019年，中国GDP将达到14万亿美元，将占全球经济增长的35%以上，几乎是美国GDP增长预测值（18%）的两倍。其中，人工智能将对这一增长形成贡献。随着人工智能的部署，到2030年，全球GDP将增长15.7万亿美元，而仅中国就将贡献7万亿美元；相比之下，北美地区只有3.7万亿美元（图2-24）。

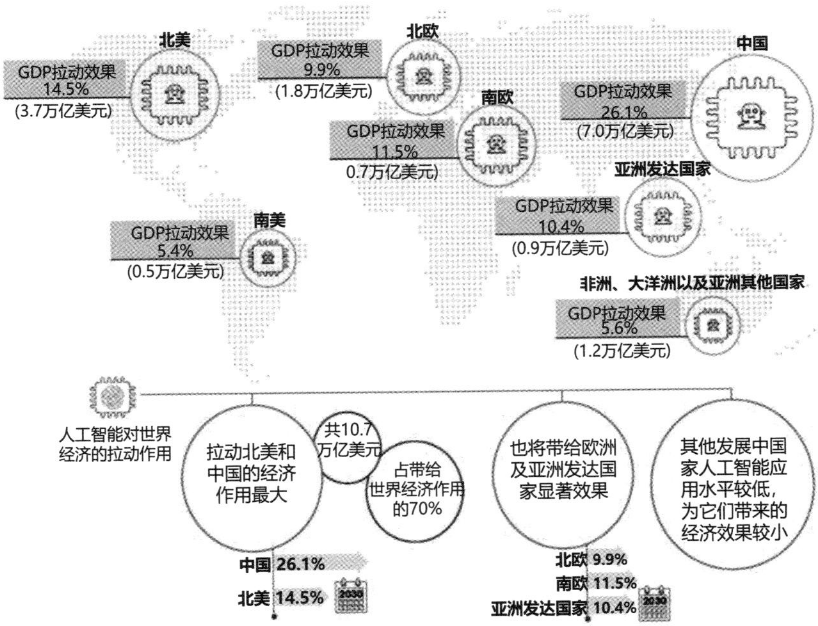

图2-24 2030年人工智能对各国/地区的GDP带动效果
数据出处：普华永道
*GDP推算基于2016年数据

人工智能是开启未来智能世界的钥匙，是未来科技发展的战略制高点。掌握人工智能，才能成为未来核心技术的掌控者。按照《新一代人工智能发展规划》的目标，我国新一代人工智能发展将分三步走（图2-25）：

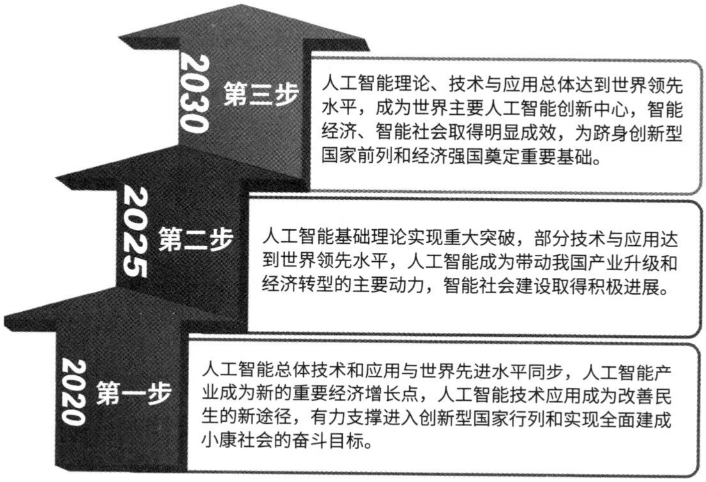

图2-25 新一代人工智能发展目标

第一步，到2020年人工智能总体技术和应用与世界先进水平同步，人工智能产业成为新的重要经济增长点，人工智能技术应用成为改善民生的新途径，有力支撑进入创新型国家行列和实现全面建成小康社会的奋斗目标。

——新一代人工智能理论和技术取得重要进展。大数据智能、跨媒体智能、群体智能、混合增强智能、自主智能系统等基础理论和核心技术实现重要进展，人工智能模型方法、核心器件、高端设备和基础软件等方面取得标志性成果。

——人工智能产业竞争力进入国际第一方阵。初步建成人工智能技术标准、服务体系和产业生态链，培育若干全球领先的人工智能骨干企业，人工智能核心产业规模超过1500亿元，带动相关产业规模超过1万亿元。

——人工智能发展环境进一步优化，在重点领域全面展开创新应用，聚集起一批高水平的人才队伍和创新团队，部分领域的人工智能伦理规范和政策法规初步建立。

第二步，到2025年人工智能基础理论实现重大突破，部分技术与应用达到世界领先水平，人工智能成为带动我国产业升级和经济转型的主要动力，智能社会建设取得积极进展。

——新一代人工智能理论与技术体系初步建立，具有自主学习能力的人工智能取得突破，在多领域取得引领性研究成果。

——人工智能产业进入全球价值链高端。新一代人工智能在智能制造、智能医疗、智慧城市、智能农业、国防建设等领域得到广泛应用，人工智能核心产业规模超过4000亿元，带动相关产业规模超过5万亿元。

——初步建立人工智能法律法规、伦理规范和政策体系，形成人工智能安全评估和管控能力。

第三步，到2030年人工智能理论、技术与应用总体达到世界领先水平，成为世界主要人工智能创新中心，智能经济、智能社会取得明显成效，为跻身创新型国家前列和经济强国奠定重要基础。

——形成较为成熟的新一代人工智能理论与技术体系。在类脑智能、自主智能、混合智能和群体智能等领域取得重大突破，在国际人工智能研究领域具有重要影响，占据人工智能科技制高点。

——人工智能产业竞争力达到国际领先水平。人工智能在生产生活、社会治理、国防建设各方面应用的广度深度极大拓展，形成涵盖核心技术、关键系统、支撑平台和智能应用的完备产业链和高端产业群，人工智能核心产业规模超过1万亿元，带动相关产业规模超过10万亿元。

——形成一批全球领先的人工智能科技创新和人才培养基地，建成更加完善的人工智能法律法规、伦理规范和政策体系。

展望未来，随着人工智能的发展，再加上充足的数据和有针对性的系统，分配给人类医生的认知方面的任务将会发生改变。当前，医生需要例行地询问患者疾病症状，然后与大脑中已知疾病的症状进行对比。但将来，通过自动化助手，医生就可以改为监督该过程，利用其经验和直觉来指导机器的输入过程，并对输出结果进行评估……

展望未来，我国无人机将实现多行业、规模化、产业化应用；我国将开发出轨道交通自动驾驶核心共性技术，完成自动驾驶系统的示范工程建设，形成一套符合国际规范的中国标准。2030年，我国能够在局部地区和环境下实现商业化的无人驾驶；无人机应用覆盖率达到全空域、全行业50%；逐步实现全国范围内城市轨道交通全自动无人驾驶，并在高速铁路上逐步推广应用自动驾驶……

展望未来，当车联网、自动驾驶、信息共享技术成熟，将人工智能驱动的汽车通过5G纳入到智慧交通乃至于智慧城市这个大的网络平台中，我们就看到了一个释放社会生产力的新物种，将大量的人类驾驶员从驾驶中解放出来。汽车只是一个智能节点，它会与智慧交通甚至智慧城市的人工智能通过5G进行连接。汽车的行车路线规划、时速、启停均可受到智慧交通的人工智能统一管理。车辆传感器会将行车过程中的路况信息及时与智慧交通人工智能进行同步。当有紧急或意外情况发生时，车辆人工智能主动进行控制，同时向智慧交通人工智能实时进行汇报，以便等候进一步的处理指令。而智慧交通人工智能则会向其它相关自动驾驶车辆进行信息同步，并产生进一步的自动控制……

我们简单做一个计算，假设每天上路5000万台汽车，其 5000万个驾驶员每天开一小时车，就是5000万小时。如果有了自动驾驶，这5000万小时折算后节省下来差不多5000年可以用于娱乐和工作。如果自动驾驶得到突破，会催生更多的无人系统，节省更多的人类时间。

随着人工智能这一“新基建”的成熟，可以预见，在未来，人工智能技术会加速渗透深入各行各业，成为各行各业的基础设施，与传统的模式相结合提升生产力。同时人工智能技术也将进一步融入我们的生活中，日益深刻地改变我们日常生活的方方面面。

一、智能软硬件

人工智能的驱动因素主要是算法/技术驱动、数据/计算、场景和颠覆性商业模式驱动。随着算法的升级、大数据的爆炸式增长和应用场景的落地，可以预测，未来几年人工智能将呈现指数级别的爆发式增长。

为了更好地迎接人工智能指数级的增长，我们需要培育壮大面向人工智能应用的基础软硬件产业是基础所在。主要包括：开发面向人工智能的操作系统、数据库、中间件、开发工具等关键基础软件，突破图形处理器等核心硬件，研究图像识别、语音识别、机器翻译、智能交互、知识处理、控制决策等智能系统解决方案。

硬件主要包括CPU、GPU等通用芯片，深度学习、类脑等人工智能芯片以及传感器、存储器等感知存储硬件；软件平台可细分为开放平台、应用软件等，开放平台主要指面向开发者的机器学习开发及基础功能框架；应用软件主要包括计算机视觉、自然语言处理、人机交互等软件工具以及应用这些工具开发的相关应用软件。

就硬件而言，首先是核心器件多元化创新，带动人工智能计算产业发展。GPU、DSP、FPGA、ASIC以及类脑等人工智能芯片创新频繁，支撑云计算、终端等方面的人工智能计算需求。人工智能计算产业快速发展，尤其是云端深度学习计算平台的需求正在快速释放。

其次是人工智能芯片产业体系初步形成。人工智能芯片指能够实现各类深度学习算法加速的计算芯片。深度学习算法的运行对卷积、矩阵乘法运算任务以及内存存取等操作较为频繁，对于更擅长串行逻辑运算的 CPU 而言，计算效率较低，难以满足需求。现阶段，人工智能芯片类型主要涵盖包含 GPU、FPGA、ASIC、类脑芯片等。其中，GPU 芯片通用性较强，且适合大规模并行计算，但售价贵、能耗高；FPGA 可通过编程灵活配置芯片架构适应算法迭代且能效优于 GPU 芯片，但产品开发技术门槛较高，开发生态不完善；ASIC 芯片通过将算法固化实现极致的性能和能效，且大规模量产后成本优势突显，但前期开发周期长易面临算法迭代风险；类脑芯片目前仍处于实验室研发阶段。

就软件而言，人工智能平台正在逐步形成，也是产业竞争焦点。如 Google、Amazon、Facebook加快部署机器学习、深度学习底层平台，建立产业事实标准。目前业内已有近40个各类人工智能学习框架，生态竞争异常激烈。典型企业如科大讯飞、商汤科技利用技术优势建设开放技术平台，为开发者提供人工智能开发环境，建设上层应用生态。

基础开发框架在人工智能产业链中占据承上启下的核心地位。在移动互联网时代，Android 系统通过Google移动服务(Google Mobile Service)与下游云计算服务融合，通过版本控制与上游芯片、整机厂商紧耦合，实现以 Android 操作系统为核心的移动互联网闭环生态。在人工智能时代，开发框架也具备媲美 Android 操作系统的核心地位，具有统领产业进步节奏、带动硬件配置、终端场景与云端服务协同发展的核心作用，占据承上启下的关键地位。

领先企业围绕开发框架平台呈现多元化发展模式。一是以Google为其典型代表，纵向打通模式，从硬件到开源平台再到云平台至应用服务，贯通产业链上下游，构建全产业生态；二是以Amazon、阿里巴巴为代表，向上布局行业应用服务模式，以业务为导向，通过核心平台向上布局重点行业应用；三是以寒武纪为代表，算法下沉于硬件模式，核心算法固化于硬件，以硬件形态提供行业通用或专用计算能力；四是以科大讯飞基础语音识别为代表，核心平台开放基础能力，为行业提供基础能力。在四种发展模式中，云平台和应用服务产生的所有数据均回流于训练平台进行数据反哺，可有效提升平台的综合能力。

2019年10月18日，中关村论坛举行了重大成果发布会，由北京市副市长隋振江主持，北京市委副书记、市长陈吉宁、市政府秘书长靳伟出席。北京他山科技有限公司与英国曼彻斯特大学AI触觉传感芯片在现场签约，成为北京市重点工程技术科研项目。该项目基于他山首次提出的精简脉冲神经元网络架构 R-SpiNNaker(Reduced SpiNNaker)，项目完成后将成为全球第一款人工智能触感芯片，项目投资额1亿元，落地后将对构建北京高精尖科研中心，促进经济结构调整起到重要的催化作用。

为贯彻落实《新一代人工智能发展规划》，加快人工智能产业发展，推动人工智能和实体经济深度融合，工业和信息化部也制定了《促进新一代人工智能产业发展三年行动计划（2018-2020）》，并于2017年12月14日正式印发，其中也对部分人工智能软件提出了发展要求和目标。例如：

- **视频图像身份识别系统。**支持生物特征识别、视频理解、跨媒体融合等技术创新，发展人证合一、视频监控、图像搜索、视频摘要等典型应用，拓展在安防、金融等重点领域的应用。到2020年，复杂动态场景下人脸识别有效检出率超过97%，正确识别率超过90%，支持不同地域人脸特征识别，产品达到国际先进水平。

- **智能语音交互系统。**支持新一代语音识别框架、口语化语音识别、个性化语音识别、智能对话、音视频融合、语音合成等技术的创新应用，在智能制造、智能家居等重点领域开展推广应用。到2020年，实现多场景下中文语音识别平均准确率达到96%，5米远场识别率超过92%，用户对话意图识别准确率超过90%。
- **智能翻译系统。**推动高精准智能翻译系统应用，围绕多语言互译、同声传译等典型场景，利用机器学习技术提升准确度和实用性。到2020年，多语种智能互译取得明显突破，中译英、英译中场景下产品的翻译准确率超过85%，少数民族语言与汉语的智能互译准确率显著提升。

二、智能机器人

机器人的价值，最开始就是因为在工业领域的普及而受到全球认可的。尤其是在主要需求领域的汽车与电子制造产业中，机器人的安装使用带动了生产效率的大幅增长。生产制造领域的工业机器人也将成为智能制造的主力军，因为，制造业是机器人的主要应用领域。主要是在生产过程自动化中，大量采用了机器人，例如如今的汽车产业、电子制造产业的大规模量产技术中，大量采用着各种机器人。

新一代信息通信技术的发展，催生了移动互联网、大数据、云计算、工业可编程控制器等的创新和应用，推动了制造业生产方式和发展模式的深刻变革。德国工业4.0战略，旨在通过深度应用信息技术和网络物理系统等技术手段，将制造业向智能化转型。德国工业机器人的总数占世界第三位，仅次于日本和美国。机器人在德国制造业中的应用率相对较高，每四个就业岗位就有一个工业机器人。以往德国机器人产业化模式的主要特点在于分工合作，未来则是基于动态配置的生产方式，将具备一定智能化的机器人个体，通过数据交互从而实现网络协同。

近年来，随着传感器、人工智能等技术进步，机器人正朝向与信息技术相融合的趋势发展。由此诞生的“自律化”“数据终端化”“网络化”等世界领先技术的机器人正在全世界范围内，不断地获取数据、获得应用，形成数据驱动型的创新。机器人在这一过程中，在制造、服务领域带动产生新附加值的同时，还将成为在各种信息传达、娱乐和日常通信领域带来极大变革的关键设备。

尤其是最近几年，随着美国、德国、日本等国家对机器人产业的大量投入，机器人的技术发展日新月异。机器人从单体作业机器人正在向自主学习、自律行动的机器人发展。除了传感器技术、软件信息处理能力的提升等各种技术进步之外，深度学习等人工智能技术（图像与语音识别，机械学习）的跨越式发展，也推动了机器人自身能力进一步提升，使机器人不断能够从事更加高级工作。也就是说，机器人从过去的简单重复性劳动，变得能够互联、共享，甚至协同工作了。

随着工业4.0等制造业创新战略的推动，通过5G无线通信网络，与工人协同工作的智能化“协同工业机器人”受到了普遍的重视。以往的工业机器人追求的是“替代工人作业，实现自动化”。但是，随着工业4.0、新一代信息技术以及机器人技术的进展，生产车间更为需要能够更多进行自律化工作的“协同工业机器人”。

相对而言，服务机器人包括个人/家用服务机器人和公共服务机器人。个人/家用服务机器人包括家政服务机器人、教育娱乐服务机器人、养老助残服务机器人、个人运输服务机器人和安防监控机器人等。人工智能的兴起推动了家政行业的智能化，个人/家用机器人的应用更加广泛。日本软银公司推出的陪护机器人，有学习能力，可表达情感，会说话，能看护婴幼儿和病人，甚至在聚会时给人做伴，更具不同的场景需要，可实现家居布防、亲情陪护、健康监测、远程监控、主动提醒、居家娱乐、启蒙早教、应急报警、语言学习等诸多服务，是儿童的玩伴及老年人的贴心守护者。它们可以基于云计算平台分享数据，从而发展自己的情感能力，但不会共享主人的个人信息。英特尔公司推出的 3D 打印机器人，除了走路、说话，还能帮主人发微博、翻译语言，或开冰箱拿饮料（图2-26）。

图2-26 教育机器人
图片来源：小胖机器人公司

2019年9月16日，青岛市政府与小胖机器人达成战略合作，青岛市即墨区政府以5亿元注资小胖机器人。同时，小胖机器人将入驻青岛即墨区，建设机器人产业研发生产基地，并将以此基地为启动轴心，面向全国输出机器人技术与全系产品，全力打造中国服务机器人龙头品牌。此轮融资过后，小胖机器人估值近20亿元人民币，在国际和国内大型服务机器人出货量均是第一梯队中居头部位置。未来，依托青岛研发生产基地，小胖机器人公司资金投入将主要集中在技术创新以及新产品的研发，在已有核心产品基础上，以大型服务机器人为载体，布局高、中、低端服务机器人全系列产品，致力于开发一流的家用与商用服务型机器人，集自主导航、双目视觉、自然语义理解等多项机器人前沿核心技术。

公共服务机器人包括酒店服务机器人、银行服务机器人、场馆服务机器人和餐饮服务机器人等，在酒店、金融、电信、电力、物流等具有大规模智能服务需求的行业中广泛应用，在低投入的基础上为企业提供优质高效的服务。

智能机器人实现特定功能有三个步骤：感知、处理和执行，实际上这三个步骤是由智能机器人的硬件系统和软件系统共同协作完成的。具体而言，智能机器人中用到的人工智能技术包括：语音识别、图像识别、生物特征识别以及专家系统、智能搜索、自动程序设计、智能控制等。

（一）语音识别

人机交互必然向人类自身最自然的语言沟通发展，因而语音交互技术具备极高的入口价值，已经逐步融入到各项互联网应用中。

语音是人类最自然便捷的沟通方式，机器人“能听会说”是必然的趋势。目前语音识别技术已经逐步成熟，智能终端、无线网络、云计算平台等环境条件基本完备，这其中包括对自然语言的分析、理解、生成、检索、变换及翻译等方面。

（二）图像识别

图像识别是机器人对图像进行处理、分析和理解，以识别各种不同模式的目标和对像的技术。识别过程包括图像预处理、图像分割、特征提取和判断匹配。简单来说，图像识别就是机器人如何像人一样读懂图片的内容。借助图像识别技术，不仅可以通过图片搜索更快地获取信息，还可以产生一种新的与外部世界交互的方式，甚至会让外部世界更加智能地运行。

（三）生物特征识别

生物识别技术是目前最为方便与安全的识别技术。因为它不需要使用者牢记复杂的密码，也不需要使用者随身携带钥匙、智能卡之类的物品。由于每个人的生物特征具有与其他人不同的唯一性和在一定时期内不变的稳定性，不易伪造和假冒，所以利用生物识别技术进行身份认定，安全、可靠、准确。

1.人脸识别技术

人脸识别（Face Recognition），是指给定一个场景的静态图像或动态视频，利用“注册有若干身份已知的人脸图像库”验证和识别场景中单个或者多个人的身份。人脸识别因其非接触、非侵犯和无排斥性成为最友好的生物特征身份认证技术，被广泛应用于安全访问控制、视觉检测、基于内容的检索和新一代人机界面等领域。

2.声纹识别

声纹识别(Voiceprint Recognition)，通常也被称为话者识别(Speaker Recognition)，分为两类，即话者辨认(Speaker Identification)和话者确认(Speaker Verification)。前者用以判断某段语音是若干人中的哪一个所说的，是“多选一”问题；而后者用以确认某段语音是否是指定的某个人所说的，是“一对一判别”问题。不同的任务和应用会使用不同的声纹识别技术，如缩小刑侦范围时可能需要辨认技术，而银行交易时则需要确认技术。不管是辨认还是确认，都需要先对说话人的声纹进行建模，这就是所谓的“训练”或“学习”过程。

（四）专家系统

采用多种人工智能语言，综合采用各种知识表示方法和多种推理机制及控制策略，并开始运用各种知识工程语言、骨架系统及专家系统开发工具和环境来研制大型综合专家系统。具体表现为，多种知识表示、综合知识库、自组织解题机制、多学科协同解题与并行推理、专家系统工具与环境、人工神经网络知识获取及学习机制等最新人工智能技术来实现具有多知识库等。

（五）智能搜索

智能搜索能提供传统的快速检索、相关度排序等功能。在机器人中，具体体现为，自动识别外部需求、内容的语义理解、智能信息化过滤和推送等功能。

（六）自动程序设计

根据百度百科的定义，自动程序设计是采用自动化手段进行程序设计的技术和过程。后引申为采用自动化手段进行软件开发的技术和过程。其目的是提高软件生产率和软件产品质量。按广义的理解，自动程序设计是尽可能借助计算机系统（特别是自动程序设计系统）进行软件开发的过程。按狭义的理解，自动程序设计是从形式的软件功能规格说明到可执行的程序代码这一过程的自动化。自动程序设计在软件工程、流水线控制等领域均有广泛应用。

（七）智能控制

智能控制是具有智能信息处理、智能信息反馈和智能控制决策的控制方式，是控制理论发展的高级阶段，主要用来解决那些用传统方法难以解决的复杂系统的控制问题。智能机器人通过智能控制技术，能够在结构化或非结构化的，熟悉的或陌生的环境中，自主地或与人交互地执行人类规定的任务。智能机器人本身也可以认为是自主地实现其目标过程的一种机器。

第六节

区块链：数字经济的“生产关系”

探寻区块链的机制和原理，比特币永远是无法绕过的话题。区块链作为一种独立的技术出现，最早可以追溯到比特币系统中。

其实，在比特币白皮书中并没有直接提出“区块链”（Block chain）这一概念，但其解决交易记录真实有效并不可篡改的方案可以看做区块链系统的雏形：客户端发起交易后向全网广播等待确认，系统中的节点将若干待确认的交易和上一个块的哈希值（Hash）打包放进一个块（Block）中，并审查块内交易的真实性，以形成一个备选区块；随后试图找到一个nonce（随机数），使得该候选区块的hash 值小于某一特定值，一旦找到该数后系统判定该区块合法，节点向全网进行广播，其他节点对该区块进行验证后公认该区块合法，此时该区块就会被添加到链上，进而区块中的所有交易也自然被判定为有效。此后发生的交易则依此法类推，不断地链在该区块之后，以此形成一个历史交易记录不断串联的账本链条。任何对链条上某一块的改动将会导致该块hash 值的变化，进而导致后续块的hash 值变化与原有账本对不上，因此篡改难度极高（图2-27）。

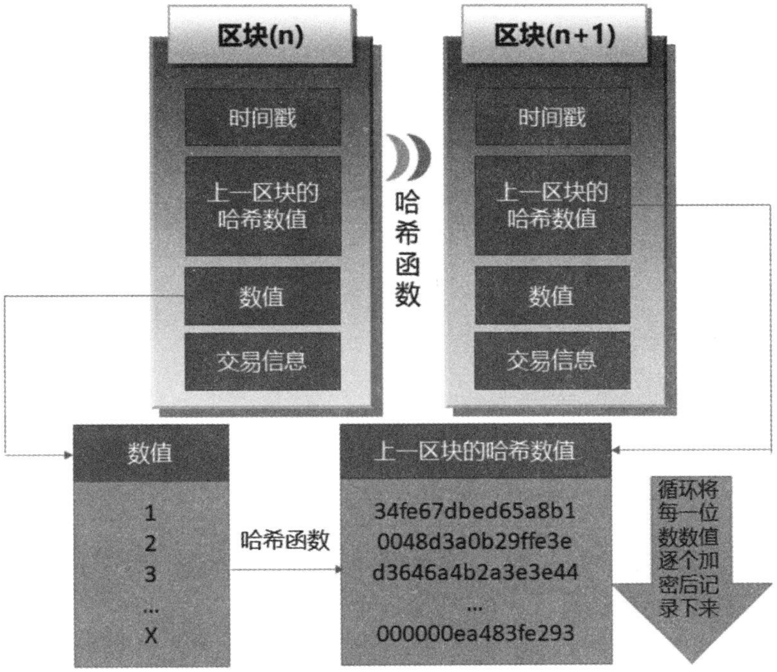

图2-27 区块链示意图

图片来源:《5G+区块链:智能时代的新基建》,王喜文

2009年,中本聪根据他的理论“挖”出了第一枚比特币;2010年,第一个比特币钱包无中生有存入了1万枚比特币,换了2个比萨饼。这是比特币走进市场的第一个瞬间,此后一路飙涨,至2017年12月比特币的价格曾经一度将近2万美元,刷新了人类史上最具震撼力的价格上涨记录——2700万倍!

2019年4月,全球IT巨头思科公司(Cisco)曾经预言:区块链的存储潜力将在2027年超过10万亿美元,占到全球GDP总值的10%;全球著名咨询公司德勤(Deloitte)也在其《区块链资产服务的未来》报告中说,2025年将占到全球GDP的10%左右;还有机构甚至预测“在未来20年内,区块链将存储全球一半财富”。

在传统的电子支付系统(如银行转账或第三方支付等)中,由银行或支付服务提供方来对验证并记录系统中发生的交易,账本在中心机构手中;而比特币在人类历史上第一次实现了去中心化的电子货币发行和交易,即不需要一个中心化的第三方认证机构或账务管理系统对交易进行验证和记录，全网共同维护更新一份相同的账本。比特币的出现使得电子货币系统出现了由传统的“中心化账本+中介”的模式向“公共账本+共识”的模式转变的可能性，而这种转变正是由区块链技术实现的。

在典型的区块链系统中，数据以区块为单位产生和存储，并按照时间顺序连成链式数据结构。所有节点共同参与区块链系统的数据验证、存储和维护。新区块的创建通常需得到全网多数（数量取决于不同的共识机制）节点的确认，并向各节点广播实现全网同步，之后不能更改或删除，从而形成了区块链对账本进行分布式的有效记录。

图2-28 区块链四大特征

在这种规则下，任何互不了解的人可以通过加入一个公开透明的数据库，通过点对点的记账、数据传输、认证或是合约，而不需要借助任何一个中间方来达成信用共识。这个公开透明的数据库包括了过去所有的交易记录、历史数据及其他相关信息，所有信息都分布式存储并透明可查，并以密码学协议的方式保证其不能非法篡改。因此，区块链的主要特性包括“不可篡改”“去中心化”“共识机制”和“机密性”（图2-28）。

● 不可篡改

区块链的“不可篡改”特性旨在保证数据的稳定性和可靠性，降低数据被篡改的风险。区块链的本质是一种数字分布式账本，它依托一系列加密算法、存储技术、对等网络等构建而成；它以对等访问、不可篡改和可信的方式保证所记录交易的完整性、不可篡改和真实性。区块链的区块被定义为一种具备一定信任机制，可执行读取或写入操作的数据集，区块链的区块存储交易的确认、合约、存储、复制、安全等相关的信息。

多方写入，共同维护。多方仅指记账参与方，不包含使用区块链的客户端。区块链的记账参与方应当由多个利益不完全一致的实体组成，并且在不同的记账周期内，由不同的参与方主导发起记账（轮换方式取决于不同的共识机制），而其他的参与方将对主导方发起的记账信息进行共同验证。

区块链系统记录的账本处于所有参与者被允许访问的状态，为了验证区块链记录的信息的有效性，记账参与者必须有能力访问信息内容和账本历史。但是公开账本指的是可访问性的公开，并不代表信息本身的公开。因此，需要用很多加密方面的技术应用到区块链领域，以解决通过密文操作就能验证信息有效性的问题。

● 去中心化

“去中心化”特性是区块链分布式计算的自然结果，是以分布式计算的方式集体共享、维护数据体系，体系中每个节点的参与者都可根据自己的需求在权限范围内直接获取信息，而不需要中间平台传递。区块链应当是不依赖于单一信任中心的系统，在处理仅涉及链内封闭系统中的数据时，区块链本身能够创造参与者之间的信任。但是在某些情况下，如身份管理等场景，不可避免的会引入外部数据，并且这些数据需要可信第三方的信任背书，此时对于不同类型的数据，其信任应来源于不同的可信第三方，而不是依赖于单一的信任中心。

● 共识机制

区块链的“共识机制”特性在假设多数区块链参与方是可信的前提下，通过多数参与方参与的共同验证过程达成的共识而实现区块链交易的真实性验证，可在很大程度上阻止基于区块链应用的违约现象发生。

● **机密性**

信息安全及密码学技术是整个信息技术的基石。在区块链中，也大量使用了现代信息安全和密码学的技术成果，主要包括：哈希算法、对称加密、非对称加密、数字签名、数字证书、同态加密、零知识证明等。

加解密技术从技术构成上分为两大类：一类是对称加密，一类是非对称加密。对称加密的加解密密钥相同，而非对称加密的加解密密钥不同，一个被称为公钥，一个被称为私钥。公钥加密的数据，只有对应的私钥可以解开，反之亦然。

区块链在全网传输过程中，都需要TLS(Transport Layer Security)加密通信技术来保证传输数据的安全性。而TLS 加密通信正是非对称加密技术和对称加密技术的完美组合：通信双方利用非对称加密技术，协商生成对称密钥，再由生成的对称密钥作为工作密钥，完成数据的加解密，同时利用了非对称加密不需要双方共享密钥、对称加密运算速度快的优点。

单纯的TLS 加密通信，仅能保证数据传输过程的机密性和完整性，但无法保障通信对端可信（中间人攻击）。因此，需要引入数字证书机制，验证通信对端身份，进而保证对端公钥的正确性。数字证书一般由权威机构进行签发。通信的一侧持有权威机构CA(Certification Authority)认证的公钥，用来验证通信对端证书是否被自己信任（即证书是否由自己颁发），并根据证书内容确认对端身份。在确认对端身份的情况下，取出对端证书中的公钥，完成非对称加密过程。

综上所述，区块链是一项全新的技术，脱胎于比特币技术，它提供了一种去中心化的、无需信任积累的信用建立范式。人们也开始逐渐意识到承载比特币运行背后的区块链技术可能极具应用前景，它不该也不会仅限于在电子货币转账中使用。

一、从控制到自控

区块链的“去中心化”“共识机制”“不可篡改”“机密性”等特性构筑了区块链的核心应用能力。

经济社会活动的发生依赖信任。今天，几乎任何一种形式的经济社会活动都需要一个可信任的第三方存在。引入第三方后，原先完成交易所面临的不确定便大幅降低。然而，第三方模式也有一定的缺点。第一，需要支付费用，在某些场景下可能较高；第二，过分依赖第三方可能带来安全问题，部分敏感数据或保密信息可能泄露；第三，第三方的可信任程度依旧存在不确定性。

这便是区块链技术存在的意义和需要解决的痛点，其本质是在公开、分散、对等的网络条件下实现大规模协作的工具，与传统的中心化调配具有较大的区别：分布式、开放经济生态区块链的第三个层面和阶段，是一个包含激励的分布式、开放经济生态。和传统股份制结构借助固定的雇佣关系与参与者绑定经济利益不同的是，区块链式的经济生态通过灵活的“行为——奖励”机制对参与者进行激励。

在区块链式的经济生态中，参与者不再受到单一雇主的限制相反地，参与者可通过完成一系列由规则预先设定好的任务或工作，例如求解哈希算法、共享资源、上传优质内容等，从各个渠道获得报酬。同时，传统股份制下，参与者报酬通过法币形式发放，然而区块链式的经济生态中，报酬是通过数字资产，或可编程的数字资产进行发放。经济激励第一次成为了可以自动化、智能执行的一串代码。

区块链技术正通过改变人们交互和协作的方式，不断地向各个行业和应用场景渗透，并引发了科研界、产业界的热议。目前，区块链技术正努力夯实地基，为特定场景经济激励的全新商业模式的诞生奠定基础。

没有单点故障。这主要适用于PoS和PoW共识机制。对于DPoS共识来讲，当几个节点同时不可用时，可能会出现问题。

没有管理员。区块链上没有管理员这样一个角色来掌握更改任何内容的权力。节点相互协商，共担责任。区块链具有免信任、抗删除的特点。在区块链系统中，节点之间无需任何信任也可以进行交易，因为整个系统的运作规则是公开透明的，所有的数据内容也是公开的，所有节点都必须遵守同一交易规则来运作。这个规则是基于共识算法而不是信任，因此在系统指定的规则范围和时间范围内，节点之间是不能也无法欺骗其它节点，自然无需任何第三方介入。

数据库由一个或者一组管理员维护。管理员有权对数据做任何他想做的事情（增、删、改、查等四种操作）。管理者通常是大公司的数据管理员，遵守公司所有者制定的规则，同时会授予用户有限的权力来创建、读取、修改或删除数据。

但是，即使用户输入了正确的数据，管理员还是可以修改或删除它。如果对数据正确性存在争议，用户没有或者仅掌握有限的修改权限，管理员总是比用户拥有更多的权限。

区块链中不存在修改和删除权限数据的管理员。网络中的节点必须对任何要添加的数据达成一致。一旦添加了块并得到确认，就没人能轻易地更改历史数据，而且人们总是可以通过区块链对过去发生的事情进行证实。

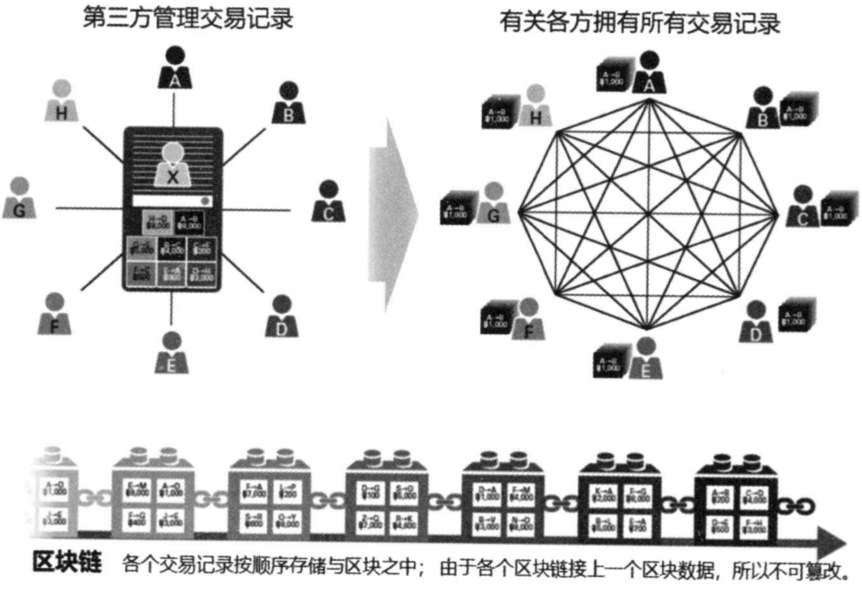

图2-29 从控制到自控
图片来源：《5G+区块链：智能时代的新基建》，王喜文

区块链取代了由管理员维护的单一服务器的方式，换以一组独立节点，对添加的内容达成共识（图2-29）。

区块链是各参与方基于共识机制建立数字信任的分布式共享账本，是多种技术的集成创新：基于时间戳的链式区块结构，上链数据难以篡改；基于共识算法的实时运行系统，指定数据可以共享；基于智能合约的自规则，技术性信任可以认证；基于加密算法的端对端网络，交易对手可以互选。

从应用形态上讲，区块链可以被划分为公有链、联盟链和私有链。不同类型的区块链适用于不同的应用场景（表2–2）。

表2-2 区块链的三种类型

	公有链	联盟链	私有链
参与者	任何人自由进出	联盟成员	个体或公司内部
共识机制	POW/POS/DPOS	分布式一致性算法	分布式一致性算法
记账人	所有参与者	联盟成员协商确定	自定义
激励机制	需要	可选	不需要
中心化程度	去中心化	多中心化	（多）中心化
突出特点	信用的自建立	效率和成本优化	透明和可追溯
典型场景	虚拟货币	支付、结算等	企业内部审计等

一是公有链。公有链是一种完全开放的区块链，其参与者均可以随时进入系统中进行数据读取、交易发送与确认、竞争记账以及系统维护等工作。公有链主要指全世界任何人都可读取、发送信息（或交易）且信息（或交易）都能获得有效确认的、也可以参与其中的“共识过程的区块链”。公有链的典型应用包括比特币、以太坊等。

比如比特币，任何人都可以通过挖矿（破解比特币计算公式）获得节点认证；只要认同比特币的价值，任何人都可以花钱购买比特币获得认证。另外，许多所谓的“加密数字货币”都是这样的性质，还有“加密数字货币交易所”也属于这样的性质。

公有区块链架构的基本特征是，采用开放读写及交易权限的去中心分布式账本，采用共识算法及加密算法的去中介数字信任机制，实行工作贡献证明及权益证明的虚拟货币激励机制。比特币的技术平台就属于第一代公有区块链。公有区块链架构的技术性缺陷是硬件需求高，交易速度低。一是海量数据存储需要巨大的空间，二是数据同步需要高速的网络，三是各个节点的运行能力需要达标和均衡，四是频繁计算需要消耗巨大的电能，因而无法适应规模化、高速度的应用场景。在这种“去中心化”的架构下，无论是比特币，还是以太坊，至今无法解决交易效率问题。

二是联盟链。联盟链是指由多个机构共同参与管理的区块链，每个组织或机构管理一个或多个节点，其数据只允许系统内不同的机构进行读写和发送。这个例子很多，比如Facebook公司打造的Libra就是和28家国际级支付机构共同打造的联盟链。光大银行联合中国银行、中信银行、民生银行、平安银行等基于区块链技术共同打造的“福费廷交易平台（BCFT）”也是一个联盟链。所谓福费廷交易平台，简单理解就是票据及其衍生品的交易平台。

联盟链是指由若干个机构共同参与管理的区块链，属于一类介于公有链和私有链之间的混合式区块链。其中每个机构运行并管理着链上一个或多个节点，其数据只允许联盟内各机构进行读写，各机构间可发送交易，并共同来记录交易数据。联盟链的典型应用包括超级账本、企业以太坊等。

联盟区块链一般意义上可以看作私有区块链的集合，采用分布式、多中心、有中介的架构，其基本特征是，开源式、多中心的分布式账本，有限许可、有限授权的读写及交易权限，不强调去中介的数字信任机制。区别于传统的大中心数据架构，联盟链的“中心”地位可以不是行政指定的，而在很大程度上取决于技术先进性、服务友好性的竞争结果；“信任”可以来自中介、依托传统信用模式，也可以是去中介的技术性信任。联盟区块链的技术架构，提供了规模化应用的可能性，比较适合金融交易场景特定的需求。

三是私有链，也称专有链。它是一条非公开的链，通常情况，未经授权不得加入（成为节点）。而且私有链中各个节点的写入权限皆被严格控制，读取权限则可视需求有选择性地对外开放。比如某社区需要选举，于是开发一个基于区块链技术的投票系统，社区内部所有人都可以在链上投票，但这个链只对社区内部和开发者透明，而且使用者可以匿名，控制权在社区主管机构，使用者只是参与者。可以看出，私有链是一个不完全去中心化的区块链，许多人认为区块链如果过于中心化，那就跟其他中心化数据库没有太大区别。

私有区块链架构的特点是，分布式账本是有中心的，读写及交易权限必须得到“中心”的许可并接受“中心”的约束和限制，私有链的数字信任机制并不强调“去中介”。私有区块链具有传统信息技术架构的“中心化”特征，但采用了分布式账本、智能合约、加密算法等区块链技术，区块链平台与现有信息技术平台容易集成，可以建立局域性的多维度交互架构，提高数据处理速度和品质。

私有链是指其写入权限由某个组织或机构控制的区块链，其读取权限可对外开放，或者附加一定程度的限制。

从公有链、联盟链到私有链，作为一种在缺乏相互信任的竞争环境中低成本完成可信交易的新型计算范式或协作模式，区块链凭借其独有的信任解决机制，正在改变诸多行业的运行规则，是未来发展数字经济、构建新型信任体系不可或缺的关键技术。

二、从他治到自治

传统数据库进行“数据复制”，主要是防止数据丢失，不能防止篡改历史数据或管理员重写数据。如果一个服务器接受了更改，而其他服务器没有，还可能存在数据不一致的情况。

区块链利用“去中心化”共识，简洁地解决了上述问题。一旦网络中的所有或大多数节点同意添加一个新块，数据就会写入许多硬盘。即便产生区块的节点在这一同步后立即崩溃，数据也总能在其他节点上确保安全，崩溃的节点随后还能够获得关于所有区块的有效版本。

数据在所有节点达成一致后被写入所有磁盘，多个备份数据库也不能与区块链具有同等的安全性。

“数据复制”意味着一个服务器向其他服务器发送数据以进行备份。在存储数据之前，服务器之间并没有对储存某个版本数据达成共识。如果一个服务器发送了无效或错误的数据，其他服务器只是盲目地接收和存储它。

与此相反，在区块链中，大多数节点在将一个块存储到区块链之前必须达成一致意见。

传统数据库采取主从式架构（client-server）。这是一种软件结构模型，由客户端系统和服务器系统两部分组成。它们通过计算机网络或在同一台计算机上通信。主从式架构的应用程序是由客户端和服务器软件组成的分布式系统，但还是以一个以服务器为中枢的中心化解决方案。

数据库建立在服务器上。因此，如果只有一个服务器，那么有可能造成所谓的单点故障。一旦服务器不能运行，所有的客户端都不能与服务器通信，也就不能彼此通信。

从数据的角度看，所有的客户端必须依赖于服务器，认为它诚实且做足了安全保障。

如果将法律法规完全写入区块链中，结合人工智能的不断学习，并可以通过参与者全体投票表决来纠正学习过程，未来的合同纠纷和执行程序将大幅缩减。因为违法者会直接在区块链中被执行资产处置，并将违约行为永久记录，大幅增加了违法成本，推动社会进步（图2-30）。

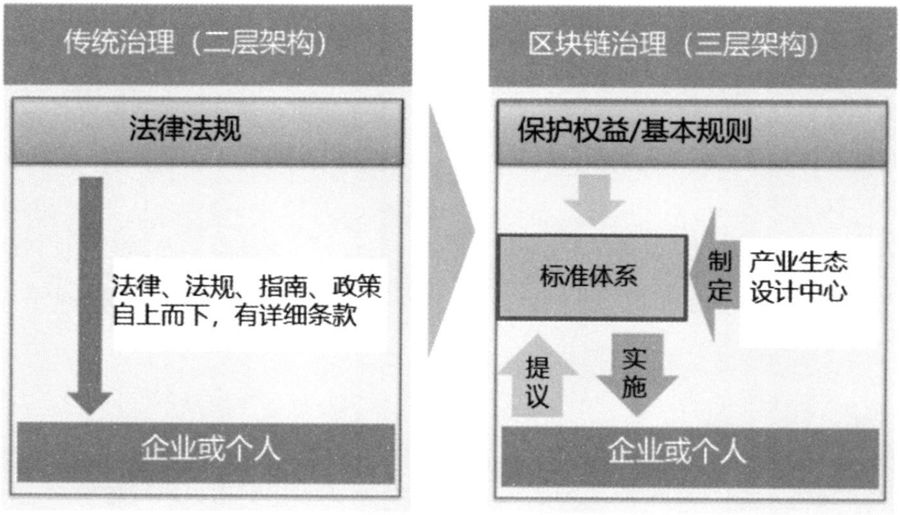

图2-30 从他治到自治
图片来源：《5G+区块链：智能时代的新基建》，王喜文著

现在，很少看到只有一个服务器的网络。在大多数情况下，网络中有更多的冗余服务器。如果一个服务器崩溃或暂时不可用，则会有另一个服务器代为处理所有请求，但这只有在服务器之间已经复制数据的情况下才有可能。

如果向服务器发送交易或请求，数据将在给定时间内写入一个数据库，然后再将数据备份到其他数据库。通常会有一些延迟，还有可能出现数据传输不一致的情况。

数据库可以用于安全监控、信号提示、信息收集和授权等场景。许多数据库以数据库触发器的形式提供有效的数据库特性。在使用云数据库时，数据通常只对少数人很重要，实现在数据库系统中安全性就足够了。

用户可以信任数据库所有者，因为有法律等其他机制可以解决可能出现的问题。尽管数据库很强大，人们可以利用它实现几乎所有想要的功能，但区块链的特有功能，数据库是做不到的：

- **数据不可更改。**区块链本质上是一个“去中心化”分布式网络，数据在达成一致后被同时写入许多磁盘，改变历史数据非常困难，几乎不可能。主要区别在于是否以“去中心化”方式实现一个数据库。
- **附加的安全数据。**只有在大多数实体同意的情况下，新块才会被添加。因此，插入一些被认为无效的数据是不可能的。参与者必须严格遵守规则，更多的相互独立的实体共同关注规则的执行。

三、从生产物流到商贸供应链

制造业整体上是由信息流牵引实物流，但产业环节之间的信息很难隔环共享，这让实物流动摩擦力很大。区块链也可以帮助提高工作效率。区块链特有的点到点通信和“去中心化”协作机制，可以使得智能制造中的各种请求不必从中心系统一层层向外传递请求，从而提高工作效率。

从生产关系角度来看，首先，区块链有助于大幅降低产业链各环节之间的交易成本，使信息流动更充分、实物流动更实时。其次，区块链可以做到实物信息的全链条透明，使得物品可溯源。再次，借助区块链的智能合约，可以让产业主体之间的交易自动化，带来生产和交易的效率。

从供应链角度来看，区块链技术作为一种适用于规模化生产的协作工具，可用于物联网供应链管理。其“去中心化”特性能使数据在交易各方之间公开透明，保证信息流的完整与流畅，这可确保参与各方能及时发现供应链系统运行过程中存在的问题，找到应对问题的方法；其数据不可篡改性和时间戳的存在能很好地运用于解决供应链体系内各参与主体之间的纠纷，实现有效举证与追责；其可追溯性可协助去除供应链内产品流转过程中的假冒伪劣问题。

供应链是一个由物流、信息流、资金流等要素共同组成的复杂体系，连接各行业的供应商、制造商、分销商、零售商及用户。未来如何有效管理供应链，建立数据透明、通信流畅、责任明确的信息传递机制是提升供应链效率所面临的重要问题之一。例如，针对供应链建立一个联盟链，这个联盟链可以包括供应商、厂家、分销商、用户等所有参与者。链上的所有企业都是联盟链的会员，以会员的形式开展活动。会员之间是相互信任的，可以直接进行点对点的交易，取消了传统的中心企业进行转发和处理的过程，减轻了企业所要承担的风险。通过发挥数据追溯审核、数据真实、快速反应、链上成员管理、资产数字化、流程智能化等特性，区块链可以赋能供应链管理和供应链金融（图2-31）。

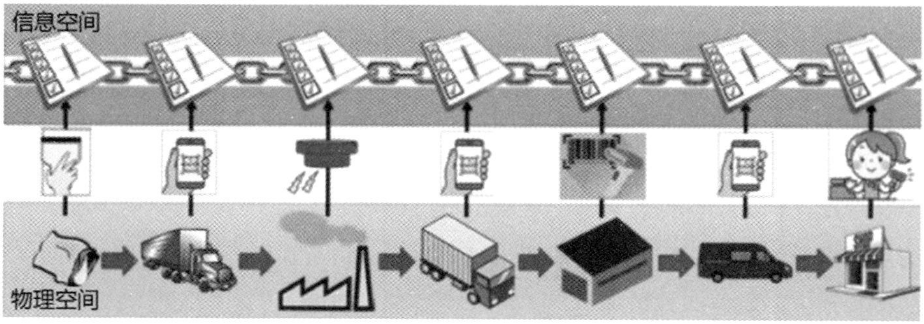

图2-31 区块链可以赋能供应链管理

例如，2018年4月14日，京东商城公布了京东全球购2018年战略规划，售前、售中、售后三个环节用区块链全程溯源，全面升级品质保障管理。

在售前环节，京东全球购通过“买手团”把控源头质量关，按照最高标准遴选品牌与产品，提升商品入驻门槛，并通过检测机构对非知名品牌、安全性要求较高的商品进行检测，确保入驻商品达到质量标准；在售中环节，京东已建立区块链防伪追溯解决方案，将逐步覆盖京东全球购业务，实现“全程溯源”：在生产阶段通过区块链技术由品牌商为商品记录下第一条身份信息，随后进入京东海外仓、出口报关、国际物流、进入保税仓或直邮至中国海关口岸报单请关、国内分拣、京东自有物流配送、消费者签收等环节，现场工作人员都会为其独立记录信息，附有工作人员的数字签名和时间戳，且所有记录的信息都确保真实，无法被篡改。

而沃尔玛在2016年12月14日申请的一项区块链专利被美国专利商标局（USPTO）授予批准。该专利旨在将患者的医疗记录存储在区块链数据库中。在紧急情况下，医院有权获取其信息。

沃尔玛专利申请书上显示，他们将这套区块链数据库系统称为“从可穿戴设备上获得存储在区块链上的患者病历信息”（Obtaining a Medical Record Stored on a Blockchain from a Wearable Device）。该系统由三种关键设备组成。其中之一是可穿戴设备手镯，它是区块链数据库的本地存储介质。第二是射频识别（RFID）扫描仪。通过扫描病人的手镯来实现病历的传输。第三是生物识别扫描仪，用于获取病人的生物特征信号（可以是脸、视网膜、虹膜或者指纹）进行解密。一旦解密，患者的医疗信息便可以与其他医疗机构共享，包括护理人员、医生等相关医疗人员。当然，也包括抢救时医院与患者之间的交易行为。

医疗数据是医疗领域非常宝贵的资源，包括病人身份、过往病史以及医疗支付情况等，但这些都是患者的隐私数据。当前，患者的私密信息都存储于医疗部门的中心化数据库或者文件柜里，而信息泄露情况时有发生。另外，病历数据的质量问题是医疗行业面临的一大问题。错误的数据在很大程度上会导致误诊，如果同一个病人去过多家医院，接受了多位医生的治疗，那么数据可能就会存在不完整的现象。

而区块链数据库上的病例不在医生、医院以及任何第三方手里进行保存，所有接受过治疗的病史和救治方案等都将被拴在链上，供所有的节点进行维护和保存，一旦病人需要急救时，就可以通过扫描可穿戴设备，获取完整的医疗信息，并且可以保护其隐私。

其实，不难发现，该项专利其实是医疗数据与区块链和物联网等“新基建”的结合。物联网是通过射频识别（RFID）、红外传感器、全球定位系统、激光扫描仪等信息传感设备，按约定的协议，把任何物品与互联网相连接，进行信息交换和通信，以实现对物品的智能化识别、定位、跟踪、监控和管理的一种网络。而区块链与之结合，可以在此基础之上，读取历史数据，追根溯源。

此外，区块链在物流和物流金融领域的应用，是当前的一个研究和应用热点。区块链的数字签名和加解密机制，可以充分保证物流信息安全以及寄、收件人的隐私。区块链的智能合约与金融服务相融合，打造一个新型生产关系，可简化流程、提升效率（图2-32）。

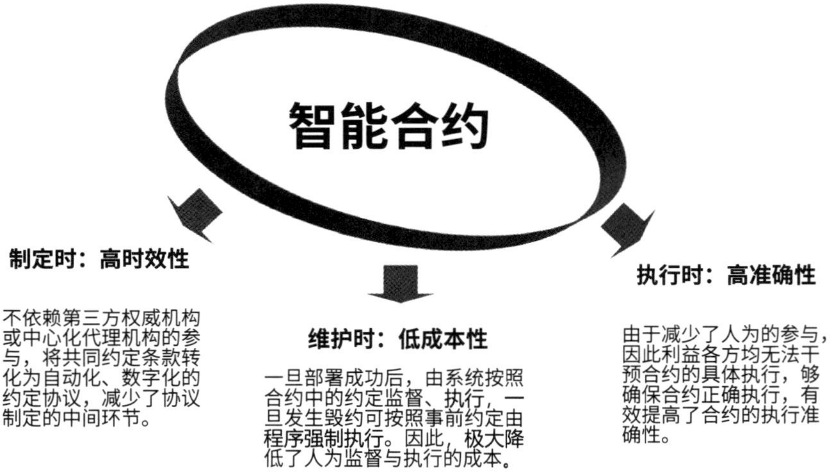

图2-32 智能合约

基于区块链的物流快递是一个比较典型的物联网区块链应用。在快递交接过程中，交接双方需通过私钥签名完成相关流程，货物是否签收或交付只需要在区块链中查询即可。在最终用户没有确认收到快递前，区块链中就不会有相关快递的签收记录。此机制可有效杜绝快递签名伪造、货物冒领、误领等问题。同时，区块链的隐私保护机制可隐藏收、发件人实名信息，从而有效保障用户信息安全。

数据只要写入区块链就难以篡改。依托链式的结构有助于构建可证可溯的电子证据存证；依靠区块链提供的分布式账本结构，让数据交易流通记录能够做到公开透明、不可篡改和可追溯，充分反映流通各环节状况，建立数据流通各链条之间的信任关系。基于共识机制，在数据资源产生或流通之前，将确权信息和数据资源有效绑定并登记存储，使全网节点可同时验证确权信息的有效性，并以此明确数据资产的权利所属人。通过数据确权建立全新的、可信赖的大数据权益体系，为数据交易、公共数据开放、个人数据保护提供技术支撑，同时为维护数据主权提供有力保障。

正因为如此，区块链作为“新基建”重点领域之一，正加速渗透至人类生产、生活的各个领域，与各行各业深度融合，将彻底改变人们的生产、工作、生活方式，为未来经济和社会的发展带来无限生机。

第七节

云计算：数字经济的“生产工具”

云计算作为数字经济基础能力，近年来一直保持快速增长。2020年4月23日，Gartner 发布 2019 年云计算市场数据：全球云计算 IaaS 市场规模达 445 亿美元，同比增长 37.3%，3A（AWS、Azure、阿里云）维持全球前三，分别占比 45%、17.9% 和 9.1%。位列第 5 的腾讯云实现了高达 111% 的增速。

云计算的基础应用体现为“云”和“计算”，“云”即指云端提供的存储空间，“计算”是指云端提供的计算能力。云计算和大数据、人工智能密切相关、不离彼此，未来各行各业将在云端用人工智能处理大数据。云计算也是新一代人工智能发展的重要基础，是实现效率变革的关键。过去人们常说“插上电”，现在则是“接入云”。就像“用电量”在工业经济中的指标意义，“用云量”也将成为衡量数字经济的重要指标。云平台汇聚人工智能软硬件异构资源，通过弹性分配能力能够对各类企业的市场需求进行动态响应和快速交付，相对于传统的点对点服务模式，具有更大范围应用推广价值。故此，国家一直建议进一步促进云计算创新发展，推动企业上云，鼓励工业云、金融云、政务云、医疗云、教育云、交通云等各类云平台加快发展，打造具有国际水准的产业互联网平台，促进实体经济数字化转型。

一、云计算的分类

（一）按照交付资源及功能分

云计算以服务交付IT 资源（计算、存储、网络、数据、应用）和相应功能，可以提供三类服务：软件即服务（SaaS，Software as a Service）、平台即服务（PaaS，Platform as a Service）和基础架构即服务（IaaS，Infrastructure as a Service）。

软件即服务，指的是云计算服务供应商通过高速互联网向终端用户提供软件应用服务。这是一种多租户模式，用户通过互联网浏览器使用软件应用服务。从用户的角度看，这样可以节省在IT软硬件建设上的前期资金投入。对于供应商而言，这种模式极大地便利了程序的安装和维护。实例有Google的Gmail、IBM Lotus Live、Salesforce.com的在线CRM。

平台即服务，指的是云计算供应商通过高速互联网向应用软件开发人员（用户）提供开发平台。平台包括了程序设计、开发、测试以及应用托管。后者所开发的应用程序可以直接运行在PaaS平台上。从用户的角度看，只需要通过PaaS平台就可以创建自己的应用软件，无需为开发平台而直接购买硬件和软件，因此费用开支要比之前传统开发平台低很多。实例有Google的App Engine、微软的Azure Platform。

基础架构即服务，指的是无论企业还是个人用户，利用虚拟化和自动化部署等技术，通过高速互联网远程访问计算和储存资源。IaaS提供基础设施服务，包括服务器、存储、网络等硬件及操作系统等基础软件。

所以，终端用户、SaaS以及PaaS服务供应商都能利用IaaS服务获得计算能力，并且不需要为这样的计算能力投入原始的IT软硬件投资成本。这个领域中，美国Amazon的EC2和S3是该模式最早的成功案例（图2-33）。

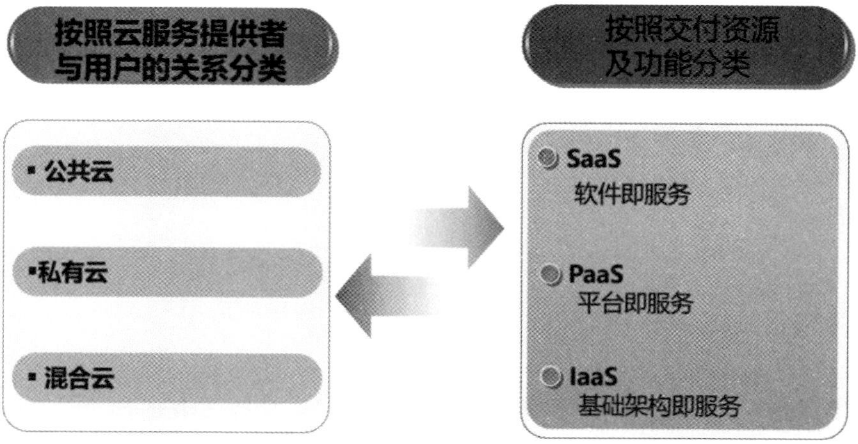

图2-33 云计算的分类

（二）按照云服务提供者与用户的关系分类

按照云服务的提供者和用户的关系分，云服务还可分为公有云、私有云、及混合云。

公有云（public cloud）：云计算提供商向用户提供服务，用户通过互联网获得服务，但用户并不拥有资源，公有云服务的模式可以是免费或按量付费。

私有云（private cloud）：指一般在防火墙之内专为一个企业单独使用而构建的云计算服务，企业拥有云计算环境的自主权。

混合云（hybrid cloud）：企业既拥有自己的云计算环境，同时也使用公有云计算服务。

二、云计算的发展演变

IBM作为最早的云计算概念的推广企业，认为云计算的演变从1990年左右开始，经历了网格计算、公用计算、软件即服务（SaaS）几个阶段发展而来。

云计算的发展也是并行计算(Parallel Computing)、分布式计算(Distributed Computing)和网格计算(GridComputing)的发展，或者说是这些计算机科学概念的商业实现。其中：（1）并行计算是许多计算被同时执行，因此一些大型且复杂的数据计算问题可以被分成小问题同时被处理；（2）分布计算是通过网络将独立的计算机连接起来从而处理大型复杂的计算问题；（3）网格计算是不同域名区域的计算机资源组合在一起来实现同一目标。

20世纪60年代，美国计算机科学家John McCarthy提出了云计算概念。他认为未来某一天，计算就像水、电、煤气一样供应给用户。

在云计算的发展进程中，美国的Amazon（Amazon）公司起到了很重要的作用。在互联网泡沫破灭后，它将数据中心全部网络化。之后公司的数据中心只预留了10%的服务器容量用于应付突发的网站流量暴增。通过这种方式，2006年公司在效用计算模式基础上成功推出了AWS（Amazon Web Service），该服务包括了Amazon的EC2（Elastic Compute Cloud）业务和S3（Scalable Storage Service）业务。

2007年，Google、IBM等多所大学启动了一个大规模的云计算研究项目。2008年早期，Eucalyptus成为了首个为部署“私有云”AWS API兼容平台的开放式软件。2008年年中，Gartner发现了云计算的发展机遇，并提出“(云计算)可以被用来改变IT服务供应商和用户之间的关系”的观点。另外，Gartner也观察到，企业逐步从大规模地投资IT软硬件的模式转移到了根据使用量而付费的模式，因此云计算引起的改变将使IT产品在某些领域需求量巨增，另外一些领域需求量则大幅下降。

云计算已经成为信息技术和服务领域的“新常态”。产业界对待云计算不再是抱着疑虑和试探的态度，而是越来越务实地接纳它、拥抱它，将它视为“新生产工具”，不断去挖掘云计算中蕴藏的巨大价值。

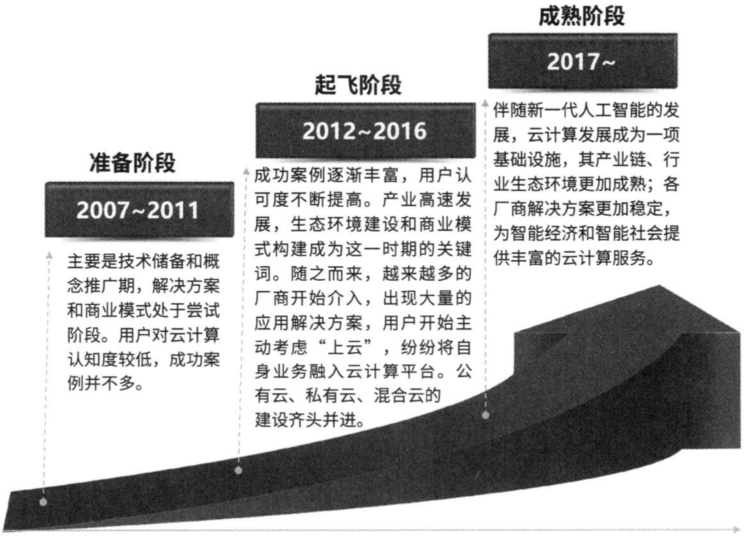

图2-34 云计算的发展阶段

准备阶段（2007—2011）：主要是技术储备和概念推广期，解决方案和商业模式处于尝试阶段。用户对云计算认知度较低，成功案例较少。

起飞阶段（2012—2016）：这5年是云计算产业的“黄金机遇期”。成功案例逐渐丰富，用户了解和认可程度不断提高。产业高速发展，产业生态环境建设和商业模式构建成为这一时期的关键词。随之而来，越来越多的厂商开始介入，出现大量的应用解决方案，用户开始主动考虑“企业上云”，纷纷将自身业务融入云计算平台。公有云、私有云、混合云的建设齐头并进。

成熟阶段（2017—）：伴随新一代人工智能的发展，云计算发展成为一项基础设施，其产业链、行业生态环境更加成熟；各厂商解决方案更加稳定，为智能经济和智能社会提供丰富的云计算服务（图2-34）。

三、云计算的特点

1.按需自助式服务(on-demand self-service)。用户可以根据自身实际需求扩展和使用云计算资源，具有快速提供资源和服务的能力。能通过网络方便地进行计算能力的申请、配置和调用，服务商可以及时进行资源的分配和回收。

2.广泛的网络访问(broad network access)。通过互联网提供自助式服务，使用者不需要部署相关的复杂硬件设施和应用软件，也不需要了解所使用资源的物理位置和配置等信息，可以直接通过互联网或企业内部网便捷地访问即可获取云中的计算资源。高性能计算能力可以通过网络访问。

3.资源池(resource pooling)。供应商的计算资源汇集在一起，通过使用多租户模式将不同的物理和虚拟资源动态分配多个消费者，并根据消费者的需求重新分配资源。各个客户分配有专门独立的资源，客户通常不需要任何控制或知道所提供资源的确切位置，就可以使用一个更高级别抽象的云计算资源。

4.快速弹性使用(rapid elasticity)。快速部署资源或获得服务。服务商的计算能力根据用户需求变化能够快速而弹性地实现资源供应。云计算平台可以按客户需求快速部署和提供资源。通常情况下资源和服务可以是无限的，可以是任何购买数量或在任何时候。云计算业务使用则按资源的使用量计费。

5.可度量的服务(measured service)。云服务系统可以根据服务类型提供相应的计量方式，云自动控制系统通过利用一些适当的抽象服务(如存储、处理、带宽和活动用户帐户)的计量能力来优化资源利用率，还可以监测、控制和管理资源使用过程。同时，能为供应者和服务消费者之间提供透明服务（图2–35）。

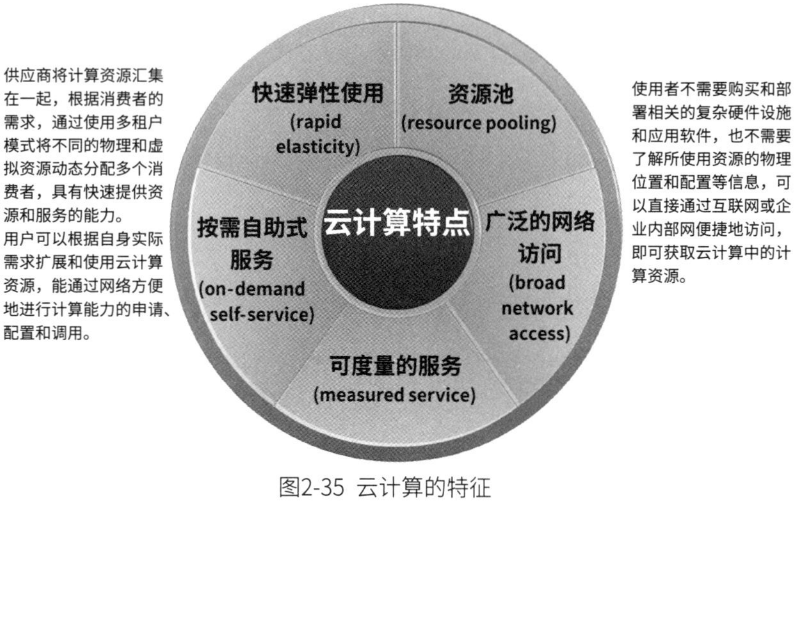

图2-35 云计算的特征

四、云计算的应用场景

工业云是云计算在制造业领域的延伸与发展，将各类制造资源和制造能力虚拟化，构成制造资源和制造能力的服务云池，进行优化管理和经营（图2-36）。

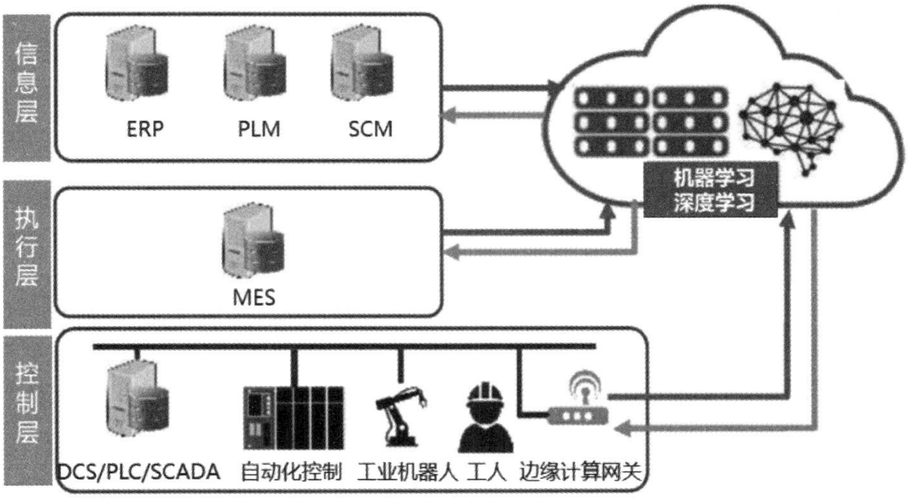

图2-36 工业云

金融云是金融机构融合云计算及金融业务体系所产生的新应用，是金融机构对云计算技术的有益探索。利用云计算的模型及原理，金融云将金融产品、信息、服务分散到庞大分支机构所构成的云网络中，能够提高金融机构发现并解决问题的能力。

物流云是在空间、时间变化中实现商品等物质资料的动态管理。在以云计算为基础的智能物流技术流程中，智能终端利用射频识别RFID技术、红外感应、激光扫描等传感技术获取商品的各种属性信息，再通过通信手段传递到智能数据中心对数据进行集中统计、分析、管理、共享、利用，从而为物流管理甚至是整体商业经营提供决策支持（图2-37）。

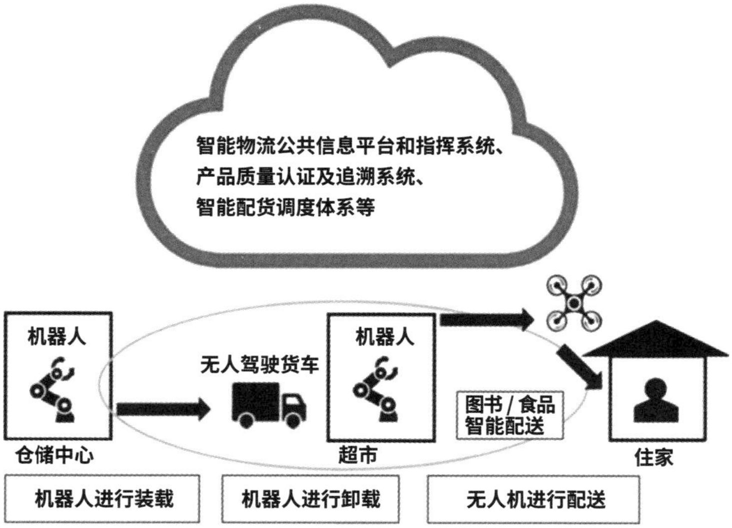

图2-37 物流云

健康云是以全民电子健康档案为基础、覆盖医疗卫生体系的信息共享平台。医生、护理人员等可以通过健康云及时分享患者资料，而患者的电子医疗记录或检验信息都存储在云端，能够随时在获得允许的前提下获取，从而打破各个医疗机构的信息孤岛，帮助医生进行诊断（图2-38）。

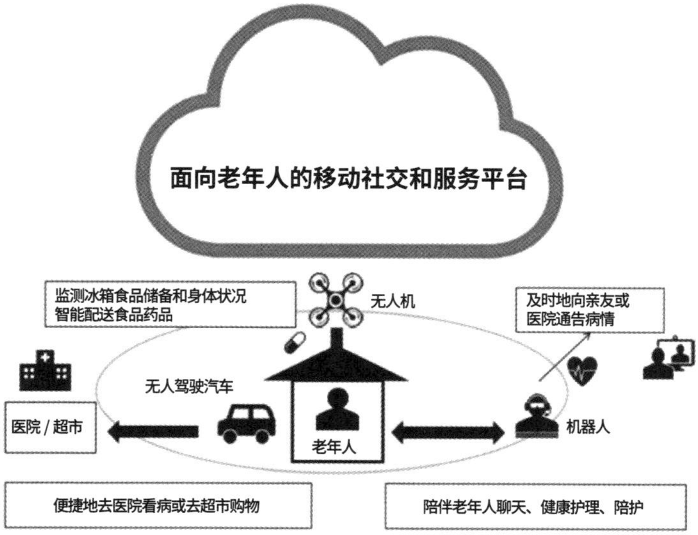

图2-38 健康云

教育云。借助云计算，学校可以逐步建立起一个覆盖一定范围的、可供用户随时使用的教育云平台，为师生提供更为便捷、内容更为个性化的高质量教育服务，可以包含课程中心、在线课堂、交流平台等模块。

第八节

大数据中心：经济社会的“新粮仓”

云计算、大数据和人工智能的快速发展，使得数据成为一种资产：过去用完即弃的日志数据，以及其他大量的非结构化、半结构化数据可以得到存储和分析。流式计算和深度学习，使得这些数据能够实时计算并指导从生产到销售的各个环节。GPU、TPU、FPGA等芯片技术，SSD、NVMe等存储技术，100G、400G光模块等网络技术，都提供了更为基础的保障。这些要素共同促进了计算、存储和传输的数据进一步上升。

尤其是5G网络的峰值速率、流量密度、连接密度等显著优于4G，且原生标准支持企业独立组网。IPv6使得每一个元器件都可以拥有独立的IP地址，两者使得工业4.0的智能制造和智能工厂得以落地，数据量将迎来新一轮的爆炸性增长（图2-39）。

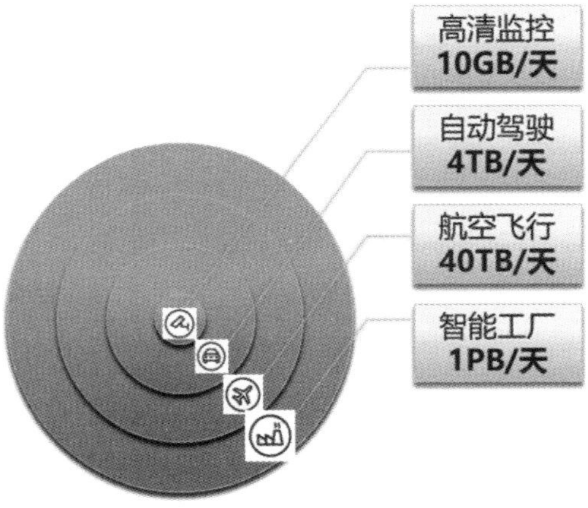

图2-39 数据增长的原因

移动互联网和大数据是过去数据中心增长的主要动因：过去5年，需求端，网民数量和移动流量增长迅速；供给端，大数据和人工智能对存储和计算提出更高需求。中国网民规模由2010年的约4.8亿人，上升到2020年的9.04亿人。与此同时，据工信部《2019年通信业统计公报》数据显示，移动互联网的接入流量由2011年的5.4亿GB，增长到2019年的1220亿GB。这些要素给作为互联网基础设施的大数据中心带来了巨大红利。因素叠加，导致大数据中心增长迅速。

大数据中心是数据中心即存放设备或数据的场地，智能经济的底层基础设施，建设大数据中心是产业数字化转型的必然要求，是国际竞争力新内涵的集中体现。目前我国超大型、大型数据中心数量占比达到12.7%。我国规划在建的320个数据中心，界时超大型、大型数据中心数量占比将达到36.1%，这一数据与美国相比仍有较大差距。预计2020年中国数据中心IT投资规模将增长12.7%，达到4166.8亿元；而到2025年，预计这一投资规模将达到7070.9亿元。

大数据中心即一个组织或单位用以集中放置计算机系统和诸如通信和存储这样的相关设备的基础设施；也可能是以外包方式让许多其他公司存放它们的设备或数据的地方，是场地出租概念在因特网领域的延伸。

只提供场地和机柜的数据中心，一般称为DC（Data Center），而同时提供带宽服务的，一般称IDC（互联网数据中心，Internet Data Center）。

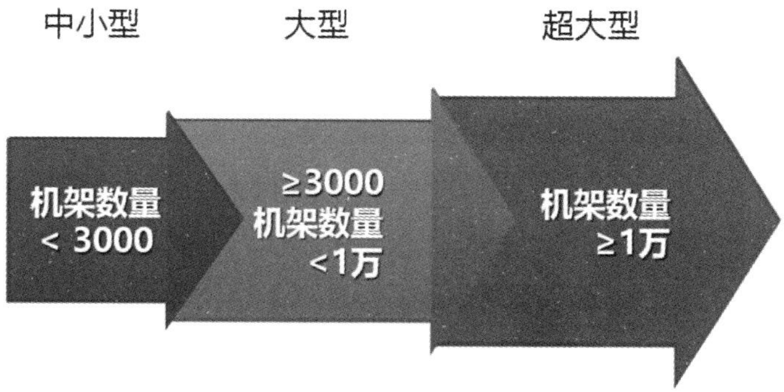

图2-40 按规模分类的大数据中心

大数据中心规模方面，按标准机架数量，可分为小型、大型和超大型（图2-40）。级别方面，常依据Uptime Institute的行业评判标准，按可用性分为

T1、T2、T3和T4（图2–41）。

图2-41 按等级分类的大数据中心

早期的大数据中心比较简单。随着数据量的增加、数据业务的日趋复杂、生活和生产对互联网的依赖程度越来越高，耗电量的不断增长，数据中心的标准也越来越高，主要体现在标准性、稳定性、节能性和高密度性等方面（图2–42）。

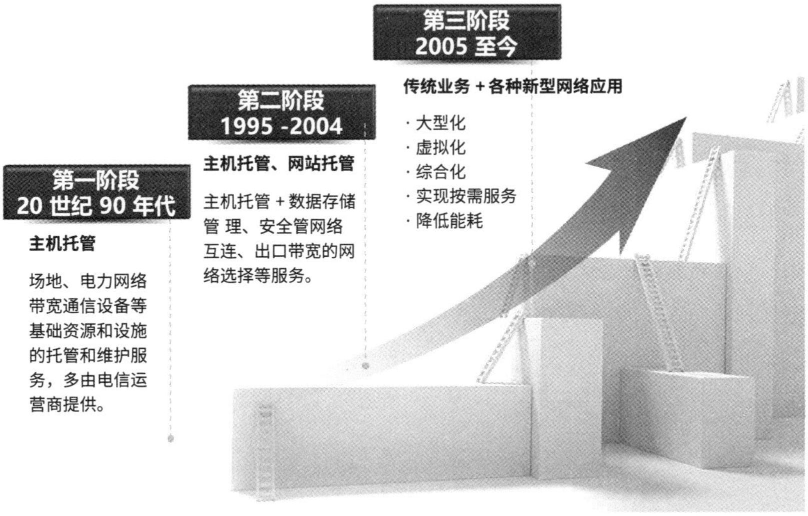

图2-42 大数据中心的发展历程

大数据中心的主要建设者包括电信运营商，独立第三方和大型互联网企业，三者之间存在着较为复杂的合作关系，在少数场景下亦存在竞争。电信运营商的核心优势是对带宽等资源的垄断、广泛分布的机房，以及深入到县级以下的分公司体系。独立第三方的核心优势是丰富的建设经验和运维经验。互联网公司的核心优势是自身使用，因此可以统一规划、设计，并进行全面虚拟化、云化处理。互联网公司对于新技术的运用往往更加彻底，但在大数据中心本身的产业链中，其作为买方不参与市场竞争（其出售给下游的一般为云产品）。相比于电信运营商，独立第三方因建设速度、服务模式和重视程度等原因，也具备一定的优势。

大数据中心位于新一代信息通信产业的上游位置，为各种互联网、物联网、人工智能和5G等服务提供基础支撑。也因此，大数据中心则是经济社会的“新粮仓”（图2-43）。

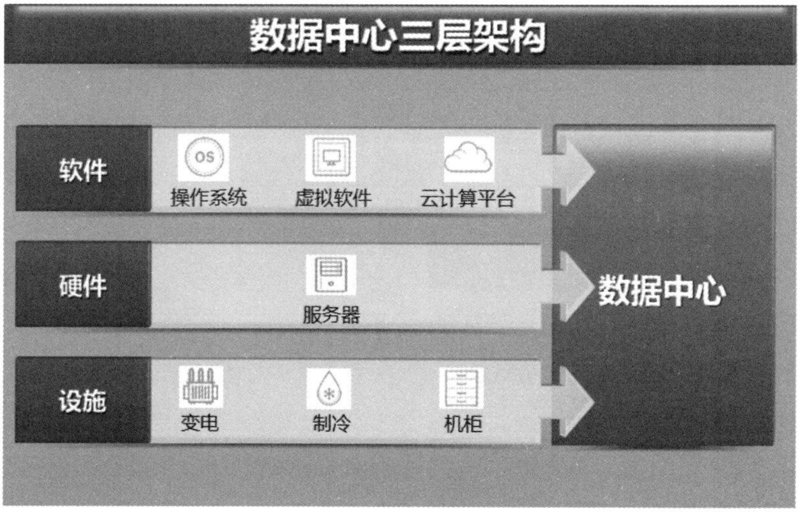

图2-43 大数据中心的架构分层

第九节

智能交通：快速通行的“新动脉”

智能汽车、无人驾驶早已成为大众关注的热点话题。交通领域的智能升级已经成为各行业破解城市交通拥堵问题的热点投资领域。在“新基建”的铺设下，5G低延时的可靠保证、大数据监管的升级、人工智能的交通影响识别等，将构建智能交通的解决方案，提高交通系统的感知能力，实现车车、车路的信息交互和共享，有效避免或减少交通事故，迎来车、路、网协同的智能交通迎来快速发展期。

智能交通是一种融合基础设施，离不开5G、人工智能、大数据、物联网、区块链等新一代信息技术的支撑。随着5G全面实现在高铁站、机场等重要交通枢纽的覆盖，大数据在路网拥堵预警调度、超限超载治理、危险货物监管等方面综合分析应用，交通治理效能将会显著改善。与此同时，智能交通基础设施实现网络化、立体化运营管理，客货运输综合信息服务能力不断加强，围绕自动驾驶发展和智能终端形成若干有影响力的产业。

智能交通基础设施建设主要体现在八大方面的投资（图2-44）：

- 交通基础设施要素数字化。推动BIM正向设计及与地理信息系统融合应用，推进BIM技术在交通基础设施全生命周期中的应用；布局建设重点路段、航段，以及桥梁隧道、互通枢纽、船闸等重要节点的交通感知网络，建成泛在互联并总体适应行业管理服务需求的智能交通感知网络。
- 智慧交通基础设施建设。推动智慧公路、智慧航道、智慧港口、智慧船闸、智慧综合客运枢纽建设，选取高铁站、机场等综合枢纽强化智慧停车、客流监测、室内定位与导航系统等的建设。
- 5G在智能交通领域应用。探索推进5G在智慧交通基础设施中的试点应用，推动5G在自动驾驶测试场区的应用，推动5G在养护巡查、交通执法等行业监管领域应用，利用5G网联无人机进行巡检取证、事故情况查

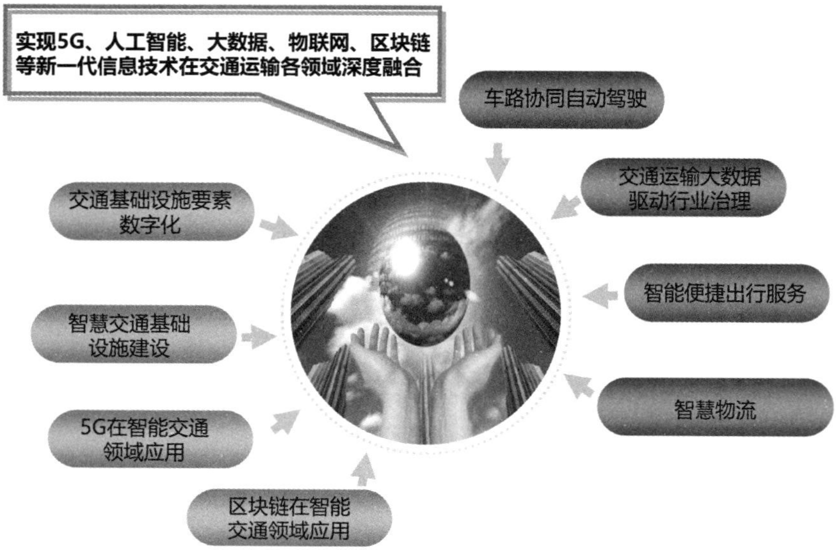

图2-44 智能交通融合基础设施

看等；推进5G覆盖交通基础设施，应用于人群流量、换乘客流、进出站客流监测和疏导；在重要交通枢纽设立5G+体验示范区。

- 区块链在智能交通领域应用。推动提升区块链在车路协同信息安全中的应用；推动区块链在行业许可数据、监管数据方面的应用；推动区块链+智慧停车，未来服务延伸将实现远程车位信息查询、远程车位预定、包含停车场内导航的自动导航、自动付费服务等；推动区块链+智慧物流，实现安全的信息交互与共享。
- 车路协同自动驾驶。开展高速公路货运车辆自动驾驶技术研究；建设车路协同应用示范区；推进基于车路协同的智慧停车建设应用，开设基于V2X的自动驾驶公交线路。
- 交通运输大数据驱动行业治理。开展交通流分析、交通供给需求匹配分析、交通拥堵特征分析等，为城市公交线网优化提供支撑；利用高速公路视频、龙门架ETC等数据，强化路网拥堵预警、应急协同管控等综合分析和应用；建立基于大数据的分析决策体系，推进北斗高精度定位、电子车牌等技术在客运车辆监管中的综合应用，推进电子运单技术在危险货物运输监管中的应用。

- 打造智能便捷出行服务。搭建智慧公交云平台，形成涵盖人—车—站—线的智慧公交出行网络；加强运输方式运行信息、换乘信息及相关停车场车位信息的整合共享，建立和完善公众出行综合信息服务体系；通过移动互联网、机器视觉等技术实现出行实时信息的广泛获取；全面推广手机NFC、二维码等移动支付，推进旅客联程联运信息化建设。
- 推动智慧物流发展。加快货物多式联运信息化建设，全面推进港口EDI建设，协作建设电子口岸“单一窗口”，多部门合力推进实现货运“一单制”服务；鼓励“互联网+”高效物流发展，支持基于大数据的第三方物流信息平台创新发展；支持网络货运平台发展，实现业务的在线化、数字化、标准化、自动化和智能化。

一、车联网

5G的到来，为车联网无人驾驶解决了尤为核心的移动通信技术问题。相信，在不久的将来，无人驾驶的普及将会更进一步，车联网行业将会井喷式地发展。

车联网是5G、物联网技术在交通行业的颠覆性改变，通过整合人、车、路、周围环境等相关信息，为人们提供一体化服务。依靠5G的低时延、高可靠、高速率、安全性等优势，将有效提升对车联网信息及时准确采集、处理、传播、利用、安全能力，有助于车与车、车与人、车与路的信息互通与高效协同，有助于消除车联网安全风险，推动车联网产业快速发展。例如：V2V通信必须实时进行，因为毫秒可能会导致近距离呼叫和致命碰撞。实现这种高速互连需要车辆在彼此之间传输大量数据而没有任何滞后。5G网络可以通过其可靠性和低延迟实现这一目标；5G还可以在车辆与基础设施（V2I）通信中发挥关键作用。V2I通信将车辆与交通信号灯，公交车站甚至公路本身等基础设施连接起来。这可以改善交通流量，减少外部危险因素，提升车辆反应速度，提高公共交通效率。

按照工业和信息化部定义，车联网是指车与一切互联（V2X），包括其他车辆、行人、道路设施，等等，使汽车拥有更大范围的感知能力，发现潜在风险，优化路径规划。车与云平台互联还能及时更新车内系统，为消费者提供信息娱乐服务。车联网的成熟，理论上将降低对传感器和算法的性能需求，也便于生活服务供应商进入汽车，使自动驾驶汽车拥有更广范围的感知预判能力和更优的人机交互能力，从安全出行和信息娱乐两方面覆盖消费需求（图2-45）。

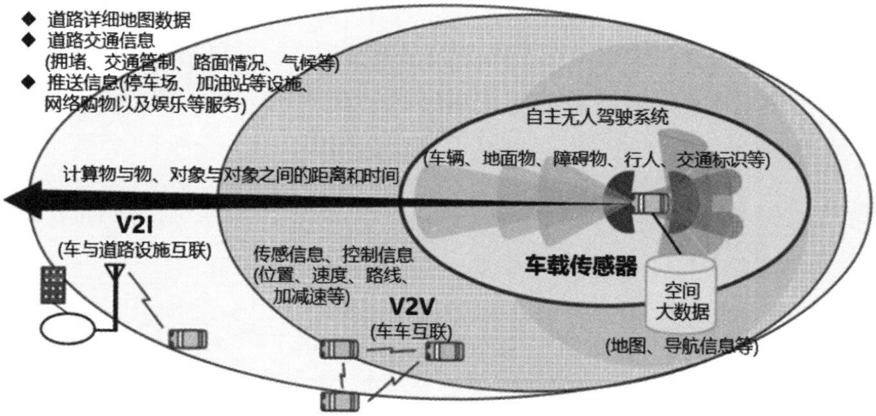

图2-45 车联网

.V2V（to Vehicles）：车车互联；
.V2I（to Infrastructure）：车与道路设施互联；
.V2P（to Pedestrian）：车与行人互联；
.V2C（to Cloud）：车与云端互联；
.V2H（to Home）：车与家互联。

目前，车厂已经具备了较低等级的网联化技术，实现了汽车与后台的互联，通过OTA（空中下载技术）升级，汽车可自动及时地更新系统和辅助信息，并将用户的操作数据上传到后台。但更高级别的网联协同感知、决策和控制，以实现V2X的信息互联，亟待与5G、物联网、人工智能等新基建融合，实现汽车网联化3.0（图2-46）。

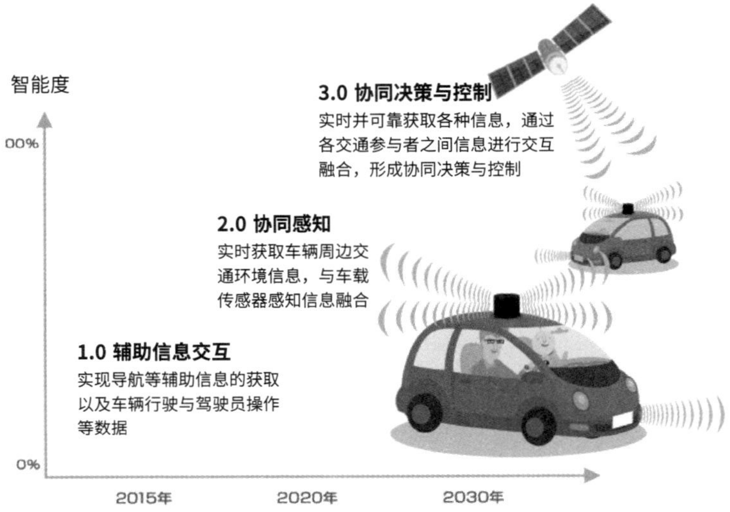

图2-46 国家对汽车网联化的等级划分界定为三个层次

汽车网联化1.0为网联辅助信息交互，主要是基于车-路、车-后台通信，实现导航等辅助信息的获取以及车辆行驶与驾驶员操作等数据的上传。主要由人控制，具备地图、交通流量、交通标志、油耗、里程等信息功能，要求传输实时性、可靠性要求较低。

汽车网联化2.0为网联协同感知，主要是基于车—车、车—路、车—人、车—后台通信，实时获取车辆周边交通环境信息，与车载传感器的感知信息融合，作为自车决策与控制系统的输入。由人与系统控制，具备周边车辆/行人/非机动车位置、信号灯相位、道路预警等信息，要求传输实时性、可靠性要求较高。

汽车网联化3.0为网联协同决策与控制，主要是基于车—车、车—路、车—人、车—后台通信，实时并可靠获取车辆周边交通环境信息及车辆决策信息，车—车、车—路等各交通参与者之间信息进行交互融合，形成车—车、车—路等各交通参与者之间的协同决策与控制。由人、系统和人工智能控制，具备车—车、车—路间的协同控制信息功能，并要求传输实时性、可靠性要求最高。

二、智能网联汽车

2016年3月，中国汽车工业协会发布了《“十三五”汽车工业发展规划意见》。规划意见对“十三五”的中国汽车工业提出了八方面的发展目标，其中之一就是“积极发展智能网联汽车”。所谓智能网联汽车，业界的定义是：搭载先进车载传感器等装置，融合现代通信与网络技术，实现车与人、车、路、后台等智能信息交换共享，具备复杂的环境感知、智能决策、协同控制和执行等功能的新一代汽车。

汽车工业“十三五”规划意见也对智能网联汽车发展设定了目标：积极发展智能网联汽车，具有驾驶辅助功能（1级自动化）的智能网联汽车当年新车渗透率达到50%，有条件自动化（2级自动化）的汽车的当年新车渗透率达到10%，为智能网联汽车的全面推广建立基础。

以无人自主控制的汽车技术为例，需要车辆辅助安全驾驶系统包括车载传感器、车载计算机和控制执行等，车辆通过车载传感器测定与周围车辆以及道路设施及周边环境距离，在紧急情况下，做出各类安全保障措施。车辆自动驾驶系统，实现在行驶过程中自动导向、自动检测及回避障碍物（图2-47）。

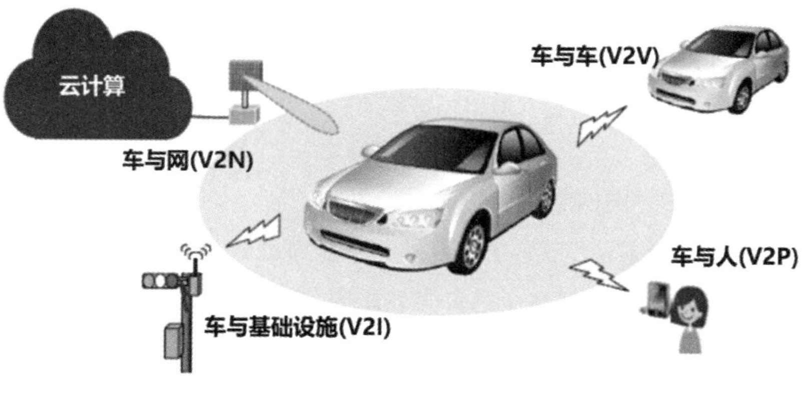

图2-47 智能网联汽车

汽车行业普遍认为，汽车技术发展的两个方向是智能化和网联化，两者相结合称之为智能网联汽车，也就是把网联汽车和自动驾驶结合起来。而智能汽车自动驾驶实现真正的产业化将是汽车技术里的一场革命。发展智能网联汽车不仅符合世界汽车工业发展的大趋势，更是我国汽车工业向产业链的中高端转移的有力抓手。

无人驾驶技术已经被充分证实，它在操作的时效性、精确性和安全性等方面，相比人类驾驶具有无比的优越性，而且不会出现人为操作失误的情况。所以，人们完全有信心认为：无人驾驶汽车每年能大幅减少全球交通事故人员伤亡和节省巨额的相关费用。正如Google公司无人驾驶汽车首席开发人员塞巴斯蒂安·斯伦（Sebastian Thrun）所描述的：Google无人驾驶汽车能使交通事故减少90%，能将通勤所耗时间以及能源消耗减少90%，能使汽车数量减少90%。出于科学严谨和保守考虑，下面相关计算将上述90%调整为50%。

此外，智能网联汽车还会通过缓解拥堵、提高车速、缩小车距以及选择更有效路线来减少通勤所耗时间和能源。按照美国得克萨斯州交通研究所对美国道路交通的研究成果进行类比估算，我国汽车每年因交通拥堵浪费的时间达12亿小时，浪费的汽油超过20亿升。

从经济角度来看，自动驾驶作为人工智能技术演进过程最被投资机构看好的领域之一，资本注入将促使产业发展速度加快。从政策角度来看，政策支持和标准落地将推动自动驾驶实现标准化、通用化和普及；从技术角度来看，得益于人工智能、车联网技术、5G的发展，自动驾驶的实现成为可能；从社会角度来看，消费者对于新技术的好奇，城市对于改善交通的应对需要，都推动自动驾驶的发展。

在自动驾驶技术来临之前，车用传感器即用于汽车电子技术、作为车载电脑（ECU）的输入装置，能够将发动机、底盘、车身各个部分的运作工况信息以信号方式传输给车载电脑，从而使汽车运行达到最佳状态。通过5G，传感器将汽车周边的环境信息输入到相应的系统模块中进行判断，提前给驾驶员预警或提供紧急防护。

在智能网联汽车中，定位、雷达、视觉等传感器协作融合，能够以图像、点云等形式输入收集到的环境数据，并通过算法的提取、处理和融合，进一步形成完整的汽车周边驾驶态势图，为系统决策提供依据。

三、充电基础设施

除了在5G、人工智能等“新基建”领域有所重叠，不同省市地方政府也选择了独具特色的切入点。例如，广州将充电桩建设提到了较高的战略位置，广州版“新基建”的四大重点领域之一就是开展充电基础设施提升行动。广州提出，要加快推进“互联网+充电基础设施”建设，规范新建充电桩、换电网络、充电后服务等市场规则、建设标准，力争建成全国电动汽车充换电市场的标杆城市之一，全市的充换电设施数量突破7万个，充换电站点突破4000个，充换电服务能力达到300万千瓦。

充电桩是为电动汽车充电的充电设施，其功能类似于加油站里面的加油机，可以固定在地面或墙壁，安装于公共建筑（公共楼宇、商场、公共停车场等）和居民小区停车场或充电站内，可以根据不同的电压等级为各种型号的电动汽车充电。充电桩的输入端与交流电网直接连接，输出端都装有充电插头用于为电动汽车充电。

新能源汽车作为一项战略性新兴产业近年来获得了快速发展，备受瞩目，但是充电桩不足等原因仍然是掣肘智慧交通发展的“短板”。据统计，截至2019年12月，中国充电桩保有量达到121.9万台，其中公共充电桩51.6万台，私人充电桩70.3万台，车桩比约为3.4：1，远低于《电动汽车充电基础设施发展指南（2015—2020）》规划的1：1的指标。从区域分布来看，广东、江苏、北京、上海充电桩保有量较高，均高于5万台，紧随其后的是山东、浙江、安徽等地区，全国前10个省份建设的公共充电桩占比近74%。预估到 2020年，新增集中式充换电站超过1.2万座，分散式充电桩超过480万个，以满足全国500万辆电动汽车充电需求——显然，整个领域还有很大的增长空间（图2-48）。

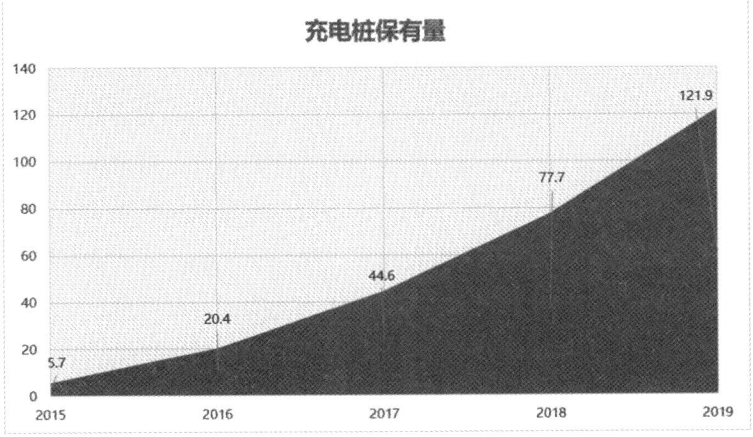

图2-48 充电桩保有量

值得注意的是，充电桩数量重要，其性能和效率也很重要。目前从行业竞争格局来看，充电市场虽有万亿市场在召唤，但市场运营商在加速优胜劣汰。新能源汽车充电桩不仅仅是传统的充电桩，“新”代表新的数字化技术，是指充电桩与通信、云计算、智能电网、车联网等技术有机融合。根据赛迪顾问发布的研究报告，未来10年，中国新建充电桩将达到6300万，将形成超1万亿元的充电桩基础设施建设市场（图2-49）。

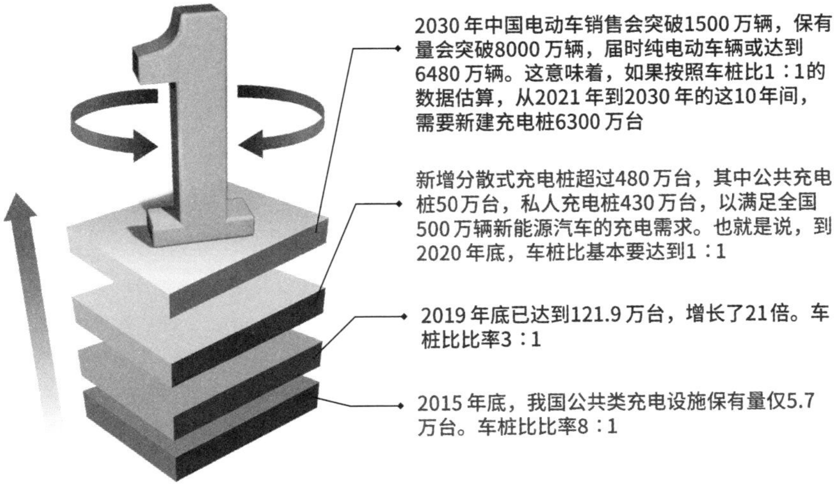

图2-49 充电桩基础设施建设预测

2019年，我国充电基础设施产业保持高速增长，全国充电基础设施规模达到120万个，有力地支撑了我国电动汽车规模化市场的快速形成和发展。而新能源汽车充电桩被列入“新基建”的产业方向中，将迎来更全面的发展。

从充电桩建设的产业链来看，涉及到的主体包括充电桩设备生产商、充电运营商、新能源汽车等。充电桩市场的上游为充电桩设备厂商及各类充电桩产品。充电桩涉及到的主体、零部件包括充电模块、电机、芯片、接触器、断路器、外壳、插头插座、线缆材料等。充电桩市场中游为运营商，运营大型充电站或提供充电桩服务等。为了更好地服务电动汽车，不少运营商承建了大型的充电站，为电动汽车提供充电服务。除此以外，在小区、购物中心、商厦、学校、政府等地方也设立充电桩以满足电动汽车的需求。充电桩市场下游应用即为各类电动汽车。随着新能源汽车的不断推广、应用，持续扩大的电动汽车市场为充电桩市场带来大量需求。目前，电动汽车的车型包括轿车、SUV、MPV、客车、货车、专用车等。

我国推广新能源汽车是必然趋势。随着充电站的建设，我国新能源汽车与充电桩保有量的配比也逐步趋于合理。虽然充电基础设施布局日渐完善，但与新能源汽车的保有量相比仍有不足的地方，未来势必还将加快增长。

第十节

智慧能源：节能高效的“新动能”

电是人类文明和社会进步的象征，与我们的生活息息相关。而智能电网、智慧能源、能源互联网是保障能源供应安全的关键一环。

智慧能源是以能源资源及其设施为基础，以电力网络为核心，融合互联网、物联网、大数据、云计算等新技术对能源的生产、运输、储存和消费过程进行实时监测、数据分析和优化处理，并通过数字化、网络化、智能化手段，实现能源的安全、高效、绿色、智慧应用。信息通信技术高速发展、互联网技术快速普及、能源转换技术不断革新，带动智慧能源由初期的单点技术研发向系统型产业化发展过渡。这对于落后产业、传统产业、新兴产业都提出更高要求，迫使其打通行业壁垒，实行多领域深入融合，最终打造全行业能源智慧化应用。

智慧能源产业链从能源本身运作、能源信息采集处理、用户侧能源综合利用及检测认证三个流程环节拆分为上、中、下游。

上游：能源层面，全生命周期包括能源获取、转换发电、输配电、电力供应、储能和用能及相应新技术研发环节。技术研发是为了改善能源分配不均，电力供应不稳等情况；初始能源中，以太阳能和风能为代表的可再生能源对弥补燃煤发电带来的污染起重要作用；随着储能材料的革新及管理系统功能的完善，蓄电池产业发展呈指数增长，催生了电动汽车和配套充电桩产业。

中游：在能源全生命周期运作后，信息网络及通信技术的运用会依托智能传感对运作过程中的能源相关信息进行获取，并通过软件平台的辅助进行数字化展现。其中，智能传感的发展在信息通信领域成为热点攻关，气味获取都可信息化处理；存储器方面，在云产业渗透下，云存储逐渐取代传统数据存储介质，数据共享便捷度提高，存储能力增长；5G技术的商用为智慧能源数字传输的高速率、低延时提供了坚实的网络基础，配套光纤传输也为智慧能源产业打通数字化道路；大数据、云计算、人工智能、边缘计算、数据挖掘，这些信息通信前沿产业已成为智慧能源产业发展重要组成部分，为能源智慧优化起到决定作用。

下游：智慧能源产业下游是能源数据信息展现平台，通过定制化功能对中游获取的海量数据进行平台化展现，将智慧能源打造成以能源需求侧为导向的新产业模式，衍生出的智慧城市、智慧交通产业均以智慧能源为重点。伴随着产业化发展深入，对应的检测认证及权威标准也成为产业链上的关键环节。

从智慧能源产业发展走向看，产业链上各环节企业传统业务相对独立，包括传统发电、储能、传感计算、网络通信、但在智慧能源的带动下呈现交叉融合趋势，传统能源公司与大数据通信公司互相渗透。合作形式主要为：传统能源企业和互联网企业开始迅速寻求合作，各种模式的战略组合不断出现，形成互相渗透的格局。

例如，太阳能光伏行业与新一代信息通信技术的融合是目前整合速度最快的领域。合作具体内容为：

- 传统发电企业开始与互联网公司合作，通过大数据分析典型耗能用户的需求、进行用能预测；
- 在能源基础设施层面，互联网公司与地方电力公司、供电局在城市供电系统等领域合作；
- 互联网公司与新能源企业在智慧光伏电站、互联网金融、云计算、大数据、信息安全等领域合作。

一、智能电网

智能电网是以物理电网作为基础，把所谓的传感量测手段、通信手段、信息化技术、控制技术、计算机技术和物理电网的高度集成而形成的新兴网络。简单说就是信息系统和物理电网的集成。就是我们的数字化程度更高，有更多的传感器，连接很多的资产和设备，在信息模式的基础上建立数据的整合体系和数据的收集体系以及进行分析的能力，依据已经掌握的这些数据进行相关的分析，以优化运行和管理。

简单地说，就是通过传感器把各种设备、资产连接到一起，形成一个客户服务总线，从而对信息进行整合分析，以此来降低成本，提高有效率，提高整个电网的可靠性，使运行和管理达到最优化。

智能电网就能发挥贯通协同的作用。智能电网系统能够通过能源网络连接起区域内的使用端，根据其不同的使用模式（比如商业大楼白天的能源需求远大于夜晚；住宅大楼则相反）进行调控，以实现最高的使用效益。

智能电网具备可靠、经济和低碳可持续三大要素。与传统电网相比，智能电网具备以下明显优势：

1.协调管理超越地理和组织边界分布的资源、设备、信息系统；

2.监侧、控制、保护、维护、调度、后台等系统的全面集成；

3.应对电网攻击具有更高的安全性；

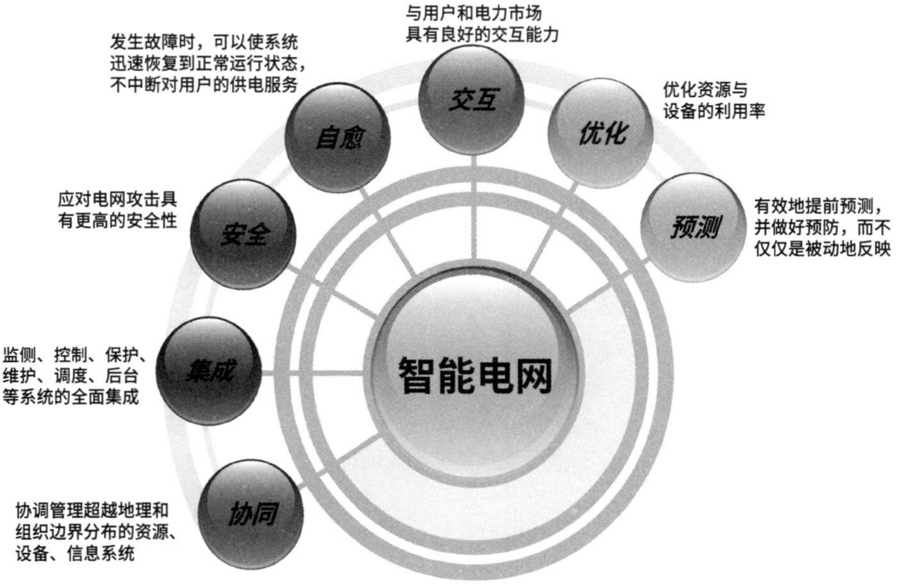

图2-50 智能电网的九大优势

4.发生故障时，可以使系统迅速恢复到正常运行状态，不中断对用户的供电服务；

5.与用户和电力市场具有良好的交互能力；

6.优化资源与设备的利用率；

7.有效地提前预测，并做好预防，而不仅仅是被动地反映。

二、特高压电网

我国的智能电网是以特高压电网为骨干网架、各级电网协调发展的坚强网架为基础，以通信信息平台为支撑，具有信息化、自动化、互动化特征，包含电力系统的发电、输电、变电、配电、用电和调度各个环节，覆盖所有电压等级，实现“电力流、信息流、业务流”的高度一体化融合的现代电网。

我国能源资源与生产力布局、能源消费呈逆向分布的基本国情，决定了我国能源发展的战略方向：即转变局部地区就地平衡的发展方式，实施“一特四大”战略（发展特高压电网，促进大煤电、大水电、大核电、大型可再生能源基地的集约化开发和利用），走大规模开发、远距离输电、大范围优化配置的发展道路。

图2-51 特高压电网布局

特高压电网可分为1000kV及以上交流变电网和±800kV直流电网两类，是目前世界上最先进的输电技术。其中，特高压直流电网在点对点长距离传输、海底电缆、大电网联接与隔绝等领域优势突出；特高压交流输变网在构成交流环网和短距离传输领域优势突出，两种特高压输电模式配合使用，共同构成输电骨干网架。

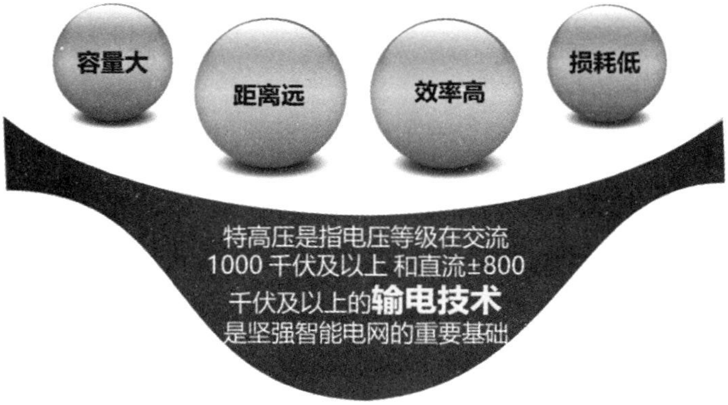

图2-52 特高压的四大特征

特高压是指远距离、大容量、效率高且损耗低的电力输送技术（图2–52）。500公里以下，主要500kV直流，500～800公里，可采用660kV或500kV，800～1500公里，大多选择660kV和800kV直流，1500～2000公里，采用800kV直流，2000公里以上，大多选择800kV和1100kV直流（图2–53）。

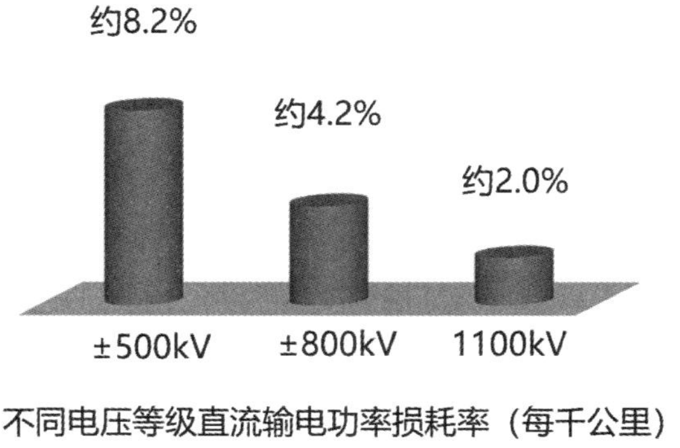

图2-53 特高压的电力损耗对比

第一，建设特高压电网能够有效促进能源资源更大范围优化配置。我国76%的煤炭资源分布在北部和西北部；80%的水能资源分布在西南部；绝大部分陆地风能、太阳能资源分布在西北部；70%以上的能源需求集中在中东部。能源基地与负荷中心距离1000到3000公里。

我国大型煤炭基地具备建成煤电基地的条件。结合各基地资源情况，通过采用空冷机组实现节水。经初步估算，在满足本地电力需求的基础上，晋陕蒙宁新等煤电基地远景外送规模可达1.8亿千瓦以上。其中，新疆煤炭资源极为丰富，预测资源量2.19万亿吨，占全国的40%以上，且煤质好、煤层浅，开采成本低，具备建设大型煤电基地的条件，哈密、准东煤电基地外送规模可超过3000万千瓦，并已完成了大量前期工作。

这些大煤电基地距离负荷中心500公里甚至上千乃至数千公里以上，需要特高压电网送出。

第二，建设特高压电网可以有效推动清洁能源的规模开发和利用。我国发电能源以煤、水为主。西部地区资源丰富，全国四分之三以上经济可开发水能资源分布在西南地区，煤炭资源三分之二以上分布在西北地区；东部地区经济发达，全国三分之二以上的电力负荷集中在京广铁路以东经济发达地区，未来的负荷增长也将保持这一趋势。西部能源基地与东部负荷中心距离在800~3000公里，远距离、大容量输电是我国未来电网发展的必然趋势。

特高压电网将显著扩大清洁能源的消纳范围和市场空间，提高清洁能源综合利用效率。2015年，国家电网可接入清洁能源1.45亿千瓦，相当于减排二氧化碳4.5亿吨。

第三，建设特高压电网可以有效推进节能减排目标实现。中东部地区环保压力增加，单位面积二氧化硫的排放量已达西部地区的5倍。溪浙工程输送容量达到800万千瓦，按年发电小时数5000计算，年输送能力达到400亿千瓦时，相当于节省标煤1228万吨，减排二氧化碳超过3400万吨。哈郑工程送端火电年发电小时数按5500计算，年输电能力能达到440亿千瓦时，实际宁东工程投产后的火电年发电小时数达到7500以上。按这个标准计算，哈郑工程年输电能力可以达到600亿千瓦时，相当于节省标煤1842万吨，减排二氧化碳超过5100万吨。

第四，建设特高压电网可以有效促进不同区域协调发展。通过特高压电网将煤电基地的电力输送到中东部地区，到网电价低于当地煤电平均上网电价，有利于中东部地区节约土地资源、减小环保压力、实现可持续发展，有利于西北部地区将资源优势转化为经济优势，推动区域经济协调发展。

2020年2月28日，北极星电力网报道显示，2020年国家电网公司首个新开工的特高压工程即陕北—湖北的±800千伏特高压直流工程开工，总投资金额185亿元，预计可直接带动设备生产规模约120亿元，带动电源等相关产业投资超过700亿元，增加就业岗位超过4万个。

特高压的建设可以解决目前西北部电量富余与中东部用电紧缺的突出问题；同时，特高压具有输送容量大、传输距离远、运行效率高和输电损耗低等技术优势，大幅提升区域整体的能源利用效率。

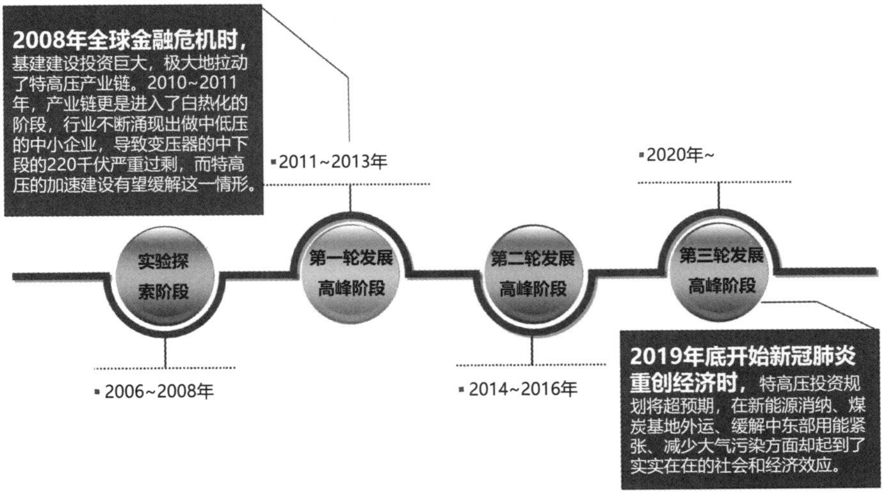

图2-54 中国特高压电网建设4.0

回顾以往，我国特高压电网建设经历了两轮高峰。2006—2008年为实验探索阶段。2008年全球金融危机时，基建建设投资巨大，极大地拉动了特高压产业链，使得2011—2013年为第一轮发展高峰阶段，2014—2016年为第二轮发展高峰阶段。如今，2019年底开始新冠肺炎疫情重创经济时，特高压投资规划将成为第三次发展高峰阶段，在新能源消纳、煤炭基地外运、缓解中东部用能紧张、减少大气污染方面却起到了实实在在的社会和经济效应。

据北极星电力网报道，一条特高压项目动辄是上百乃至上千公里的规划项目，其中约43%的投资用于征收地块，约20%投资于铁塔建设，剩余的为设备和材料的采购投资（图2-55，图2-56）。

特高压作为世界最先进的输电技术，工程建设能够推进包括换流阀、电力电子、新材料等高端电力装备制造的发展，符合国家产业转换和升级的趋势。以新材料为例，在常规铜或铝的输电系统中，约有15%的电能损耗在输电线路上，而超导电力传输具有能量损耗低、输送容量大、体积小、电磁污染少等优点，建设超导智能电网是解决常规电缆远距离输电时的高电路损耗和对超高压电缆及技术依赖的唯一途径。而以上海大学高温

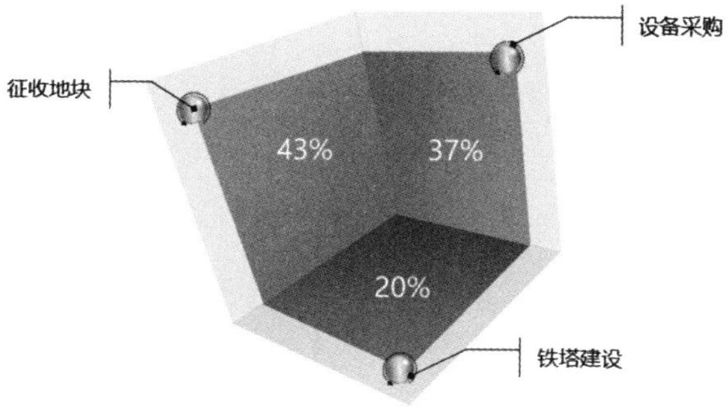

图2-55 特高压项目资金使用比率

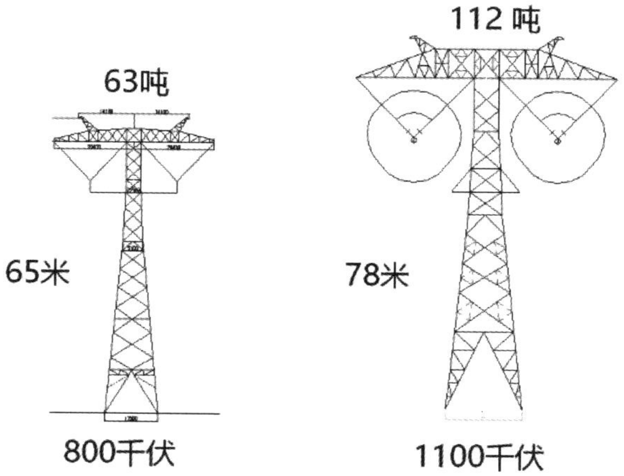

图2-56 特高压铁塔示意图

超导带材核心技术组建的上海上创超导公司用了不到2年的时间，走完了美、日、德等发达国家十几年走的高温超导带材产业之路，避开了发达国家的专利壁垒和重大装备的进口限制，填补了我国在千米级带材生产装备领域的空白。此外，变压器、电容器、电抗器等电力设备行业也将迎来巨大的机遇（图2-57）。

图2-57 特高压电力装备涉及领域

CHAPTER

—

第三章 3

新未来 新图景

根据日前摩根士丹利（Morgan Stanley）发布蓝皮书报告《中国城市化2.0: 超级都市圈》预计，到2030年，中国5大超级都市圈的平均规模将达到1.2亿人，城际通勤铁路里程较目前增长8.5倍，万物互联和数据市场将达到1万亿美元。人口的大面积涌入，不仅会对城市的轨道交通、城际铁路、教育、医疗等基础设施服务产生大量需求，还会对城市治理的各方面能力提出更高的要求。唯有拥抱新科技，才能提升城市的综合承载力——“新基建”将会有助于构建未来智慧城市新生活的图景，智能家居、智能教育、智能医疗、智能交通、智慧能源等将不再遥远。

第一节

产业得以发展

新冠肺炎疫情提升了人们对“新基建”重要性的认知。反观过去，人工智能技术的落地不尽人意。不过，在疫情的“催化“下，不少场景对人工智能技术产生了新需求，扩展了它的应用空间。

人工智能作为21世纪科技领域最为前沿的技术之一，是具有显著产业溢出效应的基础性技术，能够推动多个领域的变革和跨越式发展，对传统行业产生重大颠覆性影响。无论人体自身还是企业、产业，都将面临智能化重构的冲击，比如，人工智能可以加速发现医治疾病的新疗法，大幅降低新药研发成本；人工智能可以在国防、医疗、工业、农业、金融、商业、教育、公共安全等领域取得广泛应用，催生新的业态和商业模式，引发产业结构的深刻变革；

人工智能还可以带动工业机器人、无人驾驶汽车等新兴产业的飞跃式发展，成为新一轮工业革命的推动器。

目前倍受追捧的工业4.0、智能家居、无人驾驶、智能安防、智能医疗等发展方向，所代表的无一不是“智能+应用场景”发展的最终形态（图3-1）。

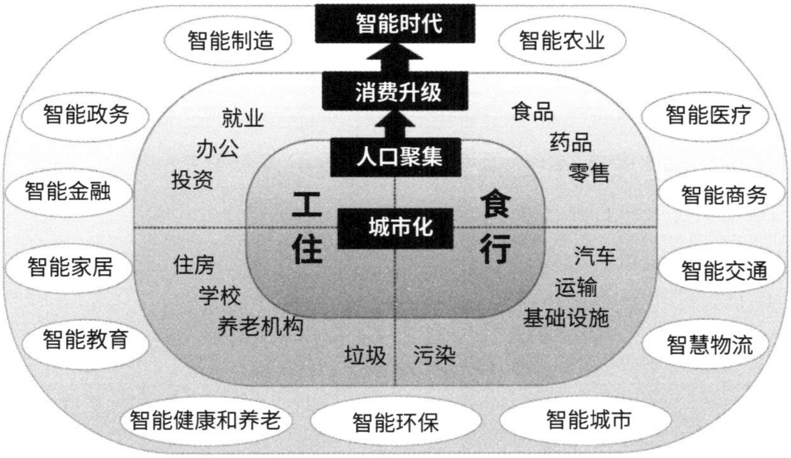

图3-1 产业的智能化升级

一、智能制造

5G、人工智能等“新基建”正在准备以各种方式改变世界，从更快速的高清视频到无人驾驶汽车，以及通过实时反应实现远程医疗手术。其前所未有的速度和覆盖范围将使世界比以往任何时候都更加接近，并产生前所未有的超级能力。它将改变包括制造业在内的众多行业。

作为制造业大国，德国2013年开始实施一项名为“工业4.0”的国家战略，希望在“工业4.0”中的各个环节应用5G、人工智能等新一代信息通信技术，将数字信息与物理现实社会之间的联系可视化，将生产工艺与管理流程全面融合。由此，实现智能工厂，生产出智能产品。相对于传统制造工业，以智能工厂为代表的未来智能制造业是一种理想状态下的生产系统，能够智能判断产品属性、生产成本、生产时间、物流管理、安全性、信赖性以及可持续性等要素，从而为各个顾客进行最优化的产品定制制造。

“工业4.0”时代的智能化，是在“工业3.0”时代的自动化技术和架构的基础上，实现从集中式中央控制向分散式增强控制的生产模式的转变，利用传感器和互联网让生产设备互联，从而形成一个可以柔性生产的、满足个性化需求的大批量生产模式。

20世纪70年代后期，自动控制系统开始用于生产制造之中。此后，许多工厂都在不断探索如何提高生产效率，如何提高生产质量以及生产的灵活性。一些工厂从机械制造的角度提出了机电一体化、管控一体化。机电一体化实现了流水线工艺、按顺序操作，为大批量生产提供了技术保障，提高了生产效率；管控一体化基于中央控制能够实现集中管理，一定程度上节约了生产制造的成本，提高了生产质量。但是，两者都无法解决生产制造的灵活性问题。

英国早在20世纪60年代就提出了柔性制造系统(Flexible Manufacture System，FMS)概念。柔性制造系统主要是指按成本效益原则，以自动化技术为基础，以敏捷的方式适应产品品种变化的加工制造系统。据资料显示，柔性制造系统以计算机控制，由若干半独立的工作站和一个物料传输系统组成，以可组合的加工模块化和分布式制造单元为基础，通过柔性化的加工、运输和仓储，高效率地制造多品种小批量的产品，并能在同一时间用于不同的生产任务。这种分布式、单元化自律管理的制造系统，每个单元都有一定的决策自主权，有自身的指挥系统进行计划调度和物料管理，形成局部闭环，可适应生产品种频繁变换的需求，使设备和整个生产线具有相当的灵活性。柔性制造系统是一种以信息为主，与批量无关的可重构的先进制造系统，实现了加工系统从“刚性化”向“柔性化”的过渡。

如今，随着信息技术、计算机和通信技术的飞跃发展，人们对产品需求的变化使得灵活性进一步成为生产制造领域面临的最大挑战。具体而言，由于技术的迅猛发展，产品更新换代频繁，产品的生命周期越来越短。对于制造业工厂来说，既要考虑对产品更新换代具有快速响应能力，又要考虑因生命周期缩短而减少产品批量。随之而来的是，成本提升和价格压力问题。

“工业4.0”则让生产灵活性的挑战成为新的机遇，将现有的自动化技术通过与迅速发展的互联网、物联网等信息技术相融合来解决柔性化生产问题，实现智能制造（图3-2）。

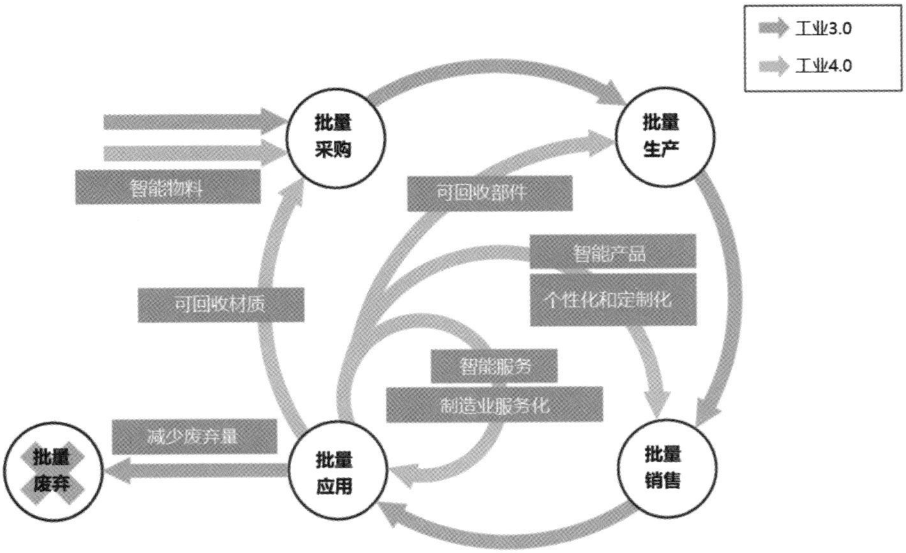

图3-2 工业4.0时代的智能制造

从“工业3.0”时代的单一种类产品的大规模生产，到“工业4.0”时代的多个种类产品的大规模定制，两者区别见表2-1。既要满足个性化需要，又要获得大规模生产的成本优势。所以，“工业4.0”和“工业3.0”的主要差别体现在了灵活性上。“工业4.0”基于标准模块，加上针对客户的个性化需求，通过动态配置的单元式生产，实现规模化，满足个性化需求。同时，大规模定制从过去落后的面向库存生产模式转变为面向订单生产模式，在一定程度上缩短了交货期，并能够大幅度降低库存，甚至零库存运行。在生产制造领域，需求推动着新一轮的生产制造革命以及技术与解决方案的创新。对产品的差异化需求，正促使生产制造业加速发布设计和推出产品。正因为人们对个性化需求的日益增强，当技术与市场环境成熟时，此前为提高生产效率、降低产品成本的规模化、复制化生产方式也将随之发生改变。所以“工业4.0”是工业制造业的技术转型，是一次全新的工业变革。

革命性的技术创新与制造业的融合充满挑战，但潜在的收益无比巨大，能够帮助企业寻求最优的解决方案，应对积弊、创造价值。比如设备预测性维护、优化任务流程，实现生产线自动化，减少误差与浪费，提高生产效率，缩短交付时间以及提升客户体验。

以工业机器人为例，其在未来制造业中的应用也拥有巨大的发展空间。随着智能组件和传感器技术的进步，我们可以借助机器学习开发机器人编程的新方式，通过赋予机器人一定的思考和自我学习能力，使其能够更加灵活地满足大规模订制化生产的需求。

未来，人工智能将在重塑中国制造业的征程中发挥重要作用。因此，我们要围绕制造强国重大需求，推进智能制造关键技术装备、核心支撑软件、工业互联网等系统集成应用，研发智能产品及智能互联产品、智能制造系统、智能制造云服务平台，推广流程智能制造、离散智能制造、网络化协同制造、远程诊断与运维服务等新型制造模式，建立智能制造标准体系，推进制造全生命周期活动智能化。

二、智能农业

在农民持续减少的背景下，利用人工智能技术实现智能农业将是一项好的选择。智能农业主要是指通过农业智能传感与控制系统、智能化农业装备、农机田间作业自主系统，以卫星遥感技术、无人机航拍以及传感器等收集气候气象、农作物、土地土壤以及病虫害等各种数据，通过“天空地”一体化的智能农业信息遥感监测网络采集的大数据，进行分析挖掘，为农场、合作社以及大型农业企业提供农业大数据智能决策分析系统服务等。

未来发展智能农业，也主要是指研制农业智能传感与控制系统、智能化农业装备、农机田间作业自主系统等。建立完善天空地一体化的智能农业信息遥感监测网络。建立典型农业大数据智能决策分析系统，开展智能农场、智能化植物工厂、智能牧场、智能渔场、智能果园、农产品加工智能车间、农产品绿色智能供应链等集成应用示范。

（一）主要通过“天空地”一体化网络进行数据收集

基于“天空地”一体化的智能农业信息遥感监测网络，主要是指以计算机和传感器技术为基础，根据GPS卫星定位系统和机器视觉技术实现农机的精准定位，通过智能终端实时监测农机信息、作业状态及作业速度等。数据平台服务指的是利用传感器、无线通信、大数据、云计算、物联网、人工智能等技术进行数据收集并分析，通过传感器收集土壤温湿度、水分、pH值等。根据卫星遥感影像数据，分析土地质量，进行适宜作物的耕种指导。对农作物的生长情况进行实时跟踪、病虫害监测，对农作物的产量进行预测等。

利用卫星可以获取农作物数据、天气数据及病虫害数据。农作物数据是利用遥感技术，根据不同作物呈现的不同颜色、纹理以及形状等遥感影像信息，划分农作物种植面积，监测农作物长势、估算农作物产量等；通过卫星获取天气数据，监测病虫害以及自然灾害等。通过卫星遥感技术收集土地、农作物以及天气气候等数据，使用无人机航拍实时监测农作物长势、病虫害等数据以及传感器采集空气、土壤的温湿度、土壤水分、光照强度和农作物生长数据等，通过对收集到的数据进行分析、处理，并建立可视化模型，实现对作物的精准管理。

（二）农业大数据智能决策分析系统

农业大数据智能决策分析系统以平台为基础，进行作物的精准管理，通过卫星、摄像头、传感器实施监测作物生长情况，根据历史数据进行产量预测等。根据作物类型收集病虫害数据，提前预防，精准喷洒农药等。依据天气、作物生长情况以及历史数据分析预测作物产量。以无人机、传感器为主要方式，实时监测作物长势，并进行灌溉、施肥建议。根据病虫害及作物类型，提前预防，精准施药，确保作物少受损失。

（三）农业智能传感与控制系统、智能化农业装备、农机田间作业自主系统

该系统主要包括农机自动驾驶、无人机植保等。搭载先进的传感器设备，

根据地形、地貌搭配专用药剂对农作物实施精准、高效的喷药作业，通过人机药三位一体达到节水、节药的作用。通过耳标、摄像头等监控畜牧动物生长情况，实时跟踪，体型识别，且对收集到的图形等数据进行处理、分析，实现养殖的精细化管理。

无人机获取农业数据，主要分为两种方式获取：一种为利用无人机搭载摄像头进行航拍获取数据，另一种为利用无人机搭载遥感传感器。依据不同作物的光谱特性，识别作物生长情况，监测病虫害情况，更好地进行田间管理。

传感器是农业物联网的基础，利用传感器可以收集空气、土壤温湿度、二氧化碳浓度、光照强度、土壤水分、农作物生长情况等数据，多用于以温室大棚为代表的设施农业中，提高作物产量与农产品品质。

无人机植保能够解决农村劳动力短缺、劳动力成本高、农民效率低、农药使用严重等问题。无人机植保产业链包括三个部分：农药研发、无人植保机制造以及飞防队进行植保服务。农药分为固态和液态两种药剂，目前多以液态药剂为主。植保无人机制造企业或者飞防组织根据实际情况进行农药加工以及兑水稀释后，对农作物进行植保作业。

农机自动驾驶指的是利用导航卫星实现农机沿直线作业功能，主要利用角度传感器获取农机偏移数据，利用摄像头获取周围作物生长数据，利用导航卫星实时定位跟踪车辆信息数据。将三者获取的数据经过无线网络传输到控制端，对数据进行分析后，利用车载计算机显示器实时显示作业情况以及作业进度等。

农机自动驾驶主要作用是利用感知系统获取的信息来进行分析判断，并对下一步的行为进行决策，这是农机自动驾驶的大脑。实时监测农机车辆位置信息、作业状态、运行参数、运行位置，实现实时故障诊断和故障预警。路径规划分为全局路径规划和局部路径规划，全局路径规划是在地图已知的情况下，进行最优的行驶轨迹规划，而局部路径规划只需要由传感器实时采集环境信息。

农机车辆导航系统是实现农机自动驾驶技术的前提。车联网指的是通过卫星导航系统、无线通信、传感器等技术，对车辆进行数字化管理，包括实时跟踪、监管车辆运行状况等，并根据不同的功能需求对所有车辆的运行状态进行有效监管。

农机自动驾驶的核心为农机车辆导航系统，通过车辆导航系统实现农机的作业监测、路径规划等操作。目前主要应用于拖拉机、收割机、小麦机和青贮机等农用机械上。

（四）智能农场、智能牧场、智能渔场

智能农场、智能化植物工厂、智能果园，主要包括播种、施肥、灌溉、除草以及病虫害防治等环节，以传感器、摄像头和卫星等收集数据，实现数字化管理和机械智能化发展以及数据平台服务来呈现。

智能牧场、智能渔场，主要是将新技术、新理念应用在生产中，包括繁育、饲养以及疾病防疫等，并且应用类型较少，因此用“精细化养殖”定义整体农业养殖环节。

人工智能在智能农场、智能化植物工厂、智能果园、智能牧场、智能渔场中发挥着巨大的作用，带来了巨大的价值。以精细化养殖为例，以人工智能等新技术、新理念，降低畜禽死亡率，提升产品质量与品质。

当前，养殖行业存在很多问题，抗生素使用过多，畜禽产品药物残留严重，产品质量较差；畜禽每天的排泄物造成当地的环境污染问题；同时，畜禽产品死亡率过高，成本大大提升。大型上市养殖企业主要是利用环境控制系统、饲料饲喂系统以及信息化管理系统等进行规模化养殖，而精细化养殖指代的是利用新的技术、新的理念改变养殖行业普遍存在的问题，如抗生素使用过多以及养殖死亡率较高等。

精细化养殖主要应用于养猪、养牛和养鸡上，利用传统的耳标、可穿戴设备以及摄像头等收集畜禽产品的数据，通过对收集到的数据进行分析，运用深度学习算法判断畜禽产品健康状况、喂养情况、位置信息以及发情期预测等，对其进行精准管理。主要分为四个核心环节：育种、繁育、饲养和疾病防疫。精细化养殖利用人工智能等新技术、新理念，降低畜禽死亡率，提升产品质量（图3-3）。

传统养殖时代，传统养殖户需要定时饲喂，劳动力繁重；通常靠养殖户的经验来预估发情期、繁育管理等；通过在饲料中加入抗生素以及通过打针、吃

兽药等方式治疗疾病；一般以人工清粪、打扫养殖舍为例，多因处理不及时等问题，对环境造成污染。

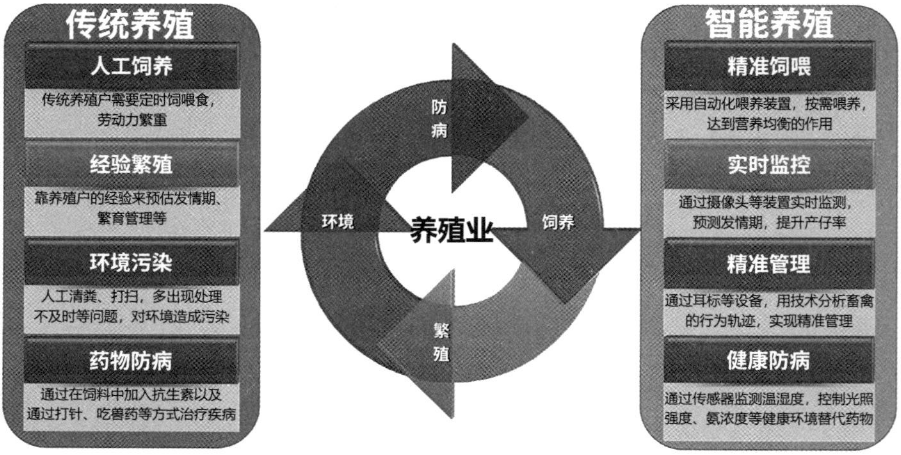

图3-3 智能养殖与传统养殖行业四个环节的应用对比
图片来源：《5G：为人工智能与工业互联网赋能》，王喜文

而采用人工智能等新技术进行精准化养殖，可以实现精准饲喂，根据自动化喂养装置，按需喂养，达到营养均衡的作用；通过摄像头等装置实时监测养殖舍情况，预测发情期，提升产仔率，降低死亡率。利用机器视觉、语音识别等新技术，来提高出生率以及降低幼崽的死亡率；通过耳标、摄像头等设备，用技术分析畜禽的行为轨迹，分析动物生理特征，实现精准管理。通过摄像头监控、耳标监测收集养殖物的数据，利用图像识别、声音识别等新技术分析牲畜的行为特征、体重、进食情况、运动情况等，提高幼崽存活率等；通过传感器监测温湿度，控制光照强度、氨气浓度等实现好环境替代药物的作用。通过分析在不同时期的叫声来判断养殖物是否患病，并做出疫情预警。

三、智能物流

自2015年以来，政府机构出台了鼓励物流行业向智能化发展的政策，并积极鼓励企业进行物流模式的创新，主要方向包括：

大力推进“互联网+”物流发展，发挥互联网平台实时、高效、精准的优势，对线下运输车辆、仓储等资源进行合理调配、整合利用，提高物流资源使用效率，实现运输工具和货物的实时跟踪和在线化、可视化管理。如国务院办公厅《关于深入实施“互联网+流通”行动计划的意见》提出，鼓励发展分享经济新模式，激发市场主体创业创新活力，鼓励包容企业利用互联网平台优化社会闲置资源配置，扩大社会灵活就业。

鼓励物流模式创新，重点发展多式联运、共同配送、无车承运人等高效现代化物流模式。商务部发布的《2015年流通业发展工作要点》提出，深入推进城市共同配送试点，总结推广试点地区经验，完善城市物流配送服务体系，促进物流园区分拨中心、公共配送中心、末端配送点三级配送网络合理布局，培育一批具有整合资源功能的城市配送综合信息服务平台，推广共同配送、集中配送、网订店取、自助提货柜等新型配送模式。

加强物流信息化和数据化建设。国务院办公厅《关于推进线上线下互动加快商贸流通创新发展转型升级的意见》提出，鼓励运用互联网技术大力推进物流标准化，推进信息共享和互联互通；大力发展智能物流，运用北斗导航、大数据、物联网等技术，构建智能化物流通道网络，建设智能化仓储体系、配送系统。

近10年来，电子商务、新零售、C2M等各种新型商业模式快速发展，同时消费者需求也从单一化、标准化，向差异化、个性化转变，这些变化对物流服务提出了更高的要求。

电子商务快速发展带动物流快递业从2007年开始连续9年保持50%左右高速增长，2016年业务量突破300亿件大关，达313.5亿件。行业爆发式增长的业务量对物流行业更高的包裹处理效率以及更低的配送成本提出了要求。

2018年“双十一”期间包裹数量超过10亿，阿里巴巴研究院预计2020年网络零售额将超过10万亿元人民币。随着阿里巴巴倡导的“新零售”的兴起，企业以互联网为依托，通过运用大数据、人工智能等先进技术手段，对线上服务、线下体验以及现代物流进行深度融合的“零售新”模式。这一模式下，企业将产生如利用消费者数据合理优化库存布局、实现零库存、利用高效网络妥善解决可能产生的逆向物流等诸多智能物流需求。

随着C2M（顾客对工厂）商业模式的兴起，由用户需求驱动生产制造，去除所有中间流通加价环节，连接设计师、制造商，为用户提供顶级品质、平民价格、个性且专属的商品。这一模式下，消费者诉求将直达制造商，个性化定制成为潮流，对物流的及时响应、定制化匹配能力提出了更高的要求。

“新基建”时代下，物流行业与新一代信息通信技术结合将形成“智能物流”，将改变物流行业原有的市场环境与业务流程，将涌现一批新的物流模式和业态，如货运动态匹配、运力动态调度等。基础运输条件的完善以及智能化的进一步提升激发了多式联运模式的快速发展。新的运输运作模式正在形成，与之相适应的智能配货调度体系快速增长。

智能物流是指通过智能硬件、物联网、大数据等智能化技术与手段，提高物流系统分析决策和智能执行的能力，提升整个物流系统的智能化、自动化水平。

智能物流集多种服务功能于一体，体现了现代经济运作特点的需求，即强调信息流与物质流快速、高效、通畅地运转，从而实现降低社会成本、提高生产效率、整合社会资源的目的。

根据中国物流与采购联合会数据，2016年智能物流市场规模超过2000亿元，到2025年，智能物流市场规模将超过万亿。当前物流企业对智能物流的需求主要包括物流数据、物流云、物流设备三大领域。

- **智能物流数据服务市场（形成层）：**处于起步阶段，其中占比较大的是电商物流大数据，随数据量积累以及物流企业对数据的逐渐重视，未来物流行业对大数据的需求前景广阔。
- **智能物流云服务市场（运转层）：**基于云计算应用模式的物流平台服务在云平台上，所有的物流公司、行业协会等都集中整合成资源池，各个资源相互展示和互动，按需交流，达成意向，从而降本增效，阿里巴巴、Amazon等纷纷布局。
- **智能物流设备市场（执行层）：**是智能物流市场的重要细分领域，包括自动化分拣线、物流无人机、冷链车、二维码标签等各类智能物流产品。

智能配货调度体系可分为两类：货运动态匹配、运力动态调度。货主发布运输需求，平台根据货物属性、距离等智能匹配平台注册运力。平台利用人工智能技术管理运力资源，通过距离、配送价格、周边配送员数量等数据分析进行精确订单分配，为消费者提供最优质的客户体验。

未来，随着无人机、机器人与自动化、大数据等进一步成熟，可穿戴设备、3D打印、无人卡车、人工智能等技术将广泛应用于仓储、运输、配送、末端等各物流环节。

- **仓内技术：** 主要是机器人技术，包括AGV(自动导引运输车)、无人叉车、货架穿梭车、分拣机器人等，主要用于仓内搬运、上架、分拣操作，可有效提升仓内的操作效率，降低物本，如Amazon在13个分拣中心布局超3万个KIVA机器人。
- **“最后一公里”配送：** 无人机技术包括干线无人机与配送无人机两类，其中配送无人机研发已较为成熟，主要应用于末端最后一公里配送，如京东在2017年618期间，已采用无人机在多省市进行农村小件商品配送，完成配送1000余单。
- **智能数据底盘：** 大数据分析技术，通过对商流、物流等数据进行收集、分析，主要应用于需求预测、仓储网络、路由优化、设备维修预警等方面，如京东采用数据预测方式，提前洞察消费者需 求，并进行预先分仓备货。

随着“新基建”的发展，物流行业将出现更多的智能化装卸搬运、分拣包装、加工配送等智能物流装备研发和推广应用。建设深度感知智能仓储系统，将有效提升仓储运营管理水平和效率。智能物流公共信息平台和指挥系统将实现产品质量认证及追溯系统、智能配货调度体系等，员工可根据智能眼镜的图像提示如包裹体积、目的地信息，进行高效分拣。仓内技术中融入了人工智能和可穿戴设备技术，“最后一公里”中3D打印，干线技术中的无人卡车，以及数据底盘的物联网之后，完全可以实现仓内智能分拣、末端产品配送、干线货物运输、产品溯源、决策支持等智能物流。

四、智能零售

零售业经历了四五十年的演变，直到21世纪初期电子商务的出现而焕然一新。电子商务的本质就是利用互联网的技术、方法论重构整个零售，是一种高效率的新零售。

随着人们消费习惯和消费场地的变化，新零售正在成为吸引人群进行网购的新入口，促进了电子商务的进一步发展，具有商务广泛性、服务个性化、定位精准性、支付便捷性和营销精准性的优点。

随身携带的智能手机等移动终端让消费者可以不受时空限制，通过电商平台购买商品。有很多消费者即便在不购物的时候也随时携带移动终端，获得各种产品信息，得到与购物相关的信息，使流通企业与顾客的交点大幅扩大。同时，在线下商店购物时，可以用移动终端进行结算，还可以搜索移动优惠券，以优惠的价格购买商品。

但是，前10年的以电子商务、多渠道乃至移动商务为代表的零售业是“为消费者而改变”。随着5G时代的到来，未来零售业将体现为“因消费者行为而改变”的智能零售。

智能化不应只是简单的变革，譬如自动饮料售卖机。智能化应该是借助智能化的技术手段，对零售业的全方位革新。科技技术的发展必将带来零售业更加智能化的发展。所谓的智能零售是指能够在对顾客的分析、顾客数据的抓取、信息的有效及时推送、完整的顾客解决方案、后续的跟踪服务等方面一套完整的智能化的方案。

智能零售必然是针对顾客和商品智能管理的智能化，是可以有效帮助零售企业管理者减轻工作量、提高工作效率的智能化。用户可根据自己的需求和喜好来定制移动电子商务的服务和信息，并可根据需要灵活选择访问和支付方法，例如，顾客可以自行对商品扫码、移动支付等。

为了实现这一层面的预测，需要利用5G网络，将线上（电子商务）与线下（传统零售）相融合，做到能够从动态的海量数据中识别出微妙的模式。这些数据集包括：消费者的购物历史，产品偏好，购物清单，竞争对手的定价和库存，以及当前和未来的产品需求，真正实现任何人、在任何时间、任何地点得到整个网络的信息和贴身服务（图3-4）。

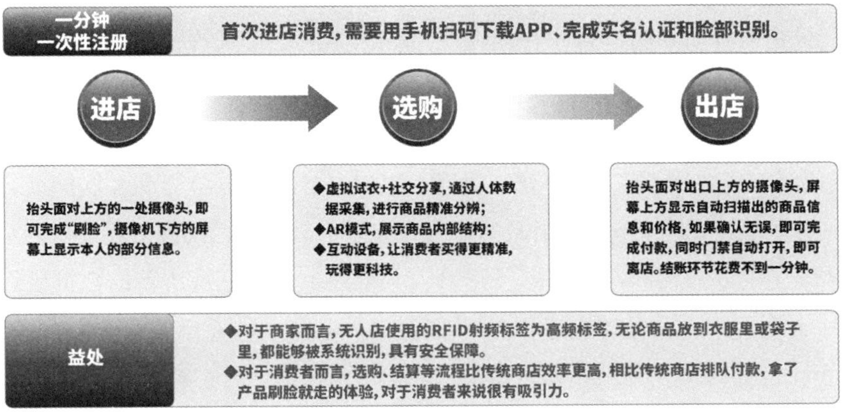

图3-4“新基建”赋能智能零售

第二节

民生得以改善

随着5G、人工智能等“新基建”的加速发展，教育、医疗、养老等民生需求领域将形成智能化升级，为公众提供个性化、多元化、高品质服务。

一、智能教育开启教育“智变”

智能教育正改变现有教学方式，解放教师资源，对教育理念与教育生态引发深刻变革。当前全球主要发达国家均加速推进教育教学创新，积极探索教育新模式，开发教育新产品。

在改变现有教学方式方面，一是实现教学成果智能测评，提升教学质量。利用人工智能技术对数字化、标准化的教师教学行为与学生学习情况进行测试、分析与评价，帮助师生快速精准定位教学问题，实现针对性、科学性教学，提升教学效果。二是构建个性化学习系统，激发学生自主学习动力。教育企业探索通过对学生学习特点建立知识画像，推送针对性教学内容，进一步激发学生自主学习意愿。自然语言处理，尤其是在与机器学习和互联网结合以后，有力推进了线上学习，并让教师可以在扩大教室规模的同时还能做到解决个体学生的学习需求与风格。反过来，大型线上学习系统所得的数据已经为学习分析产生了迅速增长的动力。2017年4月，澳大利亚自主教学平台 Smart Sparrow 获得 400万美元融资，其教育模式得到初步认可。2014 年，美国自适应教育人机大战数据显示，自主教学平台有效提升学生学习效果，学生及格率平均提升10%，新知识获取时间平均缩短44%。

在解放教师资源方面，一是机器人早已经成为了广为欢迎的教育设备，最早可以追溯到1980年MIT Media Lab所研制出的 Lego Mindstorms。智能辅导系统（ITS）也成为针对科学、数学、语言学以及其他学科相匹配的学生互动导师。二是实现作业智能批改，降低教师教学负担。借助图像识别与语义分析技术的持续革新，学生作业自动批改能力已初步实现。2018年4月，安徽省教育厅发布《安徽省中小学智慧校园建设指导意见》，明确2020年将建成作业测评系统，实现学生作业自动批改。三是拓展学生课后学习途径，分担教师教学压力。教育企业通过构建课后习题库并结合图像识别技术，实现对学生上传题目快速识别，即时反馈答案与解题思路。

由于人工智能有助于个性化学习能力的提升，教育领域才能得到加强和转变。斯坦福大学2018年9月发布的《人工智能与生命》报告认为，虚拟现实、适应性学习、分析学习和在线教学将在未来15年内在课堂上被普及。

《2030年人工智能与生命》报告是在斯坦福大学推动的“人工智能百年研究”项目中首次发表的报告。该项目旨在促进社会对这些技术的辩论，并指导程序、传感器和智能机器的伦理发展。这份由24位来自不同大学的专家参与的出版物，剖析了目前不同领域人工智能的全景图，并以典型的美国城市为例，预测到2030年每个领域的趋势将被得到巩固（图3-5）。

在教育方面，该研究强调虚拟现实、教育机器人、智能辅导系统和在线学习或学习分析技术将在未来15年内在课堂上占据显著位置。

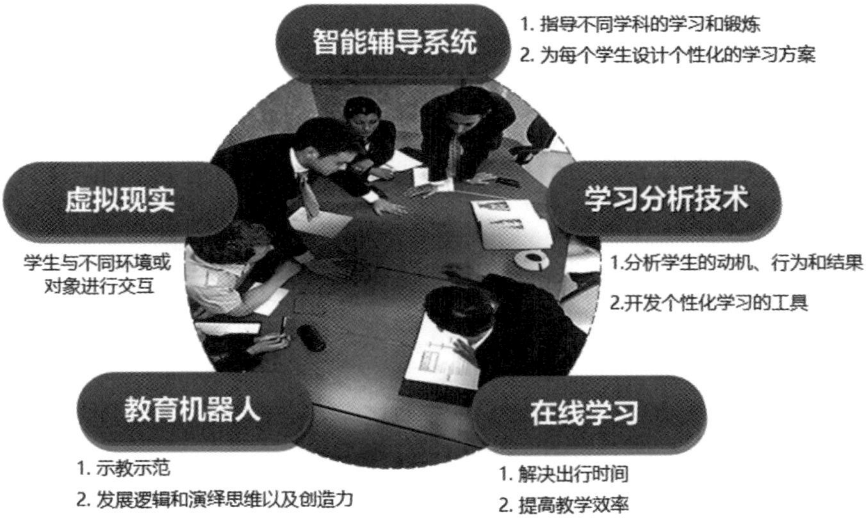

图3-5 斯坦福大学的智能教育

以下五点是《2030年人工智能与生命》报告中所提到的:

1.虚拟现实

虚拟现实环境现在被用来允许学生与不同环境或对象进行交互。专家认为，在2030年，这些环境将会变得更加普遍和复杂，学生们可能会沉浸在其中探索不同的学科。

2.教育机器人

自从20世纪80年代乐高在头脑风暴品牌下开发出第一个机器人工具包以来，许多模型已经被推出来推广到不同的学习领域。允许学生创造和编程他们的机器人，同时发展逻辑和演绎思维以及创造力。然而，专家们认为，只有证明教育机器人除了能激励学生，还能提高他们的学习成绩，这才能在课堂上发挥作用。

3.智能辅导系统

自动语音识别和自然语言处理等一些人工智能技术的发展促进了智能辅导系统的发展，这些系统已经从实验室迅速转移到实际应用中。这些技术能够模仿教师，指导不同学科的学习和锻炼。当学生遇到问题时，他们会提醒，根据错误或答案提供即时反馈，甚至为每个学生设计个性化的学习方案。

4.在线学习系统

据该报告描述的结果，令人惊讶的是其他在线教育模式在各级教育中的呈爆炸式增长，借助人工智能技术，这些学生可以更容易得到评估。报告称，到2030年，这一趋势将得到巩固和完善。

5.学习分析

这一领域是由学习过程中学生数据的测量、收集和分析组成的，它是由在线学习系统的发展所推动的，它们是作为数据收集的“天然载体”。这种合作可以促进教育领域的新科学发现，并促进大规模学习的改进。事实上，目前人工智能技术已经被用于分析学生的动机、行为和结果。这些研究的目的是发现学生最常见的错误，预测哪些错误有失败的风险，并向他们提供实时的反应，这与他们的结果密切相关。事实上，专家们相信学习分析将加速开发个性化学习的工具。

在不久的将来，利用智能技术加快推动人才培养模式、教学方法改革，将构建包含智能学习、交互式学习的新型教育体系。开展智能校园建设，推动人工智能在教学、管理、资源建设等全流程应用。开发立体综合教学场、基于大数据智能的在线学习教育平台。开发智能教育助理，建立智能、快速、全面的教育分析系统。建立以学习者为中心的教育环境，提供精准推送的教育服务，实现日常教育和终身教育定制化。

二、智能医疗重塑新体系

中国人口老龄化趋势下，疾病高发的老年人口数量日趋增多，医疗需求正在逐年增大。一方面，面对人口老龄化加剧，我国医疗资源压力巨大。以慢性病为例，我国慢性病患病人数逐年上升，且65岁及以上老年人群的慢性病患病率最高，慢性病治疗需求不断膨胀。另一方面，医疗卫生机构总量较大，但医院和床位供不应求，城乡资源配置不平衡。

近年来，随着医疗数据数字化深入，深度神经网络学习算法突破以及芯片计算能力提升，人工智能在医疗领域应用掀起第二次浪潮，已渗透到疾病风险预测、医疗影像、辅助诊疗、虚拟助手、健康管理、医药研发、医院管理、医疗保障控费等各个环节，并取得初步成效。

美、英、日等国政府均高度重视人工智能在医疗领域的应用。美国《健康保险携带和责任法案》为人工智能应用扫清了障碍，食品药品监督管理局（FDA）实施“数字健康创新行动计划”，重构数字健康产品监督体系，并单独组建成立人工智能与数字医疗审评部，加速人工智能 医疗发展；英国国家医疗服务系统（NHS）正计划在整个卫生服务部门大规模扩展人工智能，用于日常操作和治疗。2016年，日本厚生劳动省开始规划人工智能医疗相关政策，包括医疗费用的修正、采用智能医疗的激励措施等，并计划在2020年全面实施与推动智能医疗制度。

我国对医疗领域提出了明确的人工智能发展要求，包括对技术研发的支持政策，就相关技术和产品提出健康信息化、医疗大数据、智能健康管理等具体应用，并针对医疗、健康及养老方面提出明确的人工智能应用方向。

医疗保健被视为人工智能的一个有潜力的应用领域。未来几年，基于人工智能的应用将改善人类的健康状况，提高他们的生活质量，但前提是能够得到医生、护士和患者的信任。该领域的主要应用包括临床决定支持、患者监测和指导、帮助手术或患者护理的自动化设备，以及医疗保健系统管理。近期，人工智能技术在医疗保健领域取得了很大成功，包括通过挖掘社交媒体数据来推断可能的健康风险，通过机器学习来预测有风险的患者，以及利用机器人支持手术等。这在很大程度上拓展了人工智能在医疗保健领域的应用潜力。但是，与医疗专业人员和患者交互方式的提升将是未来的一个核心挑战。

众所周知，数据是实现智能医疗的核心保障。如今，我们在数据收集方面已经向前迈进一大步，包括通过个人监测设备和移动应用，通过临床机构的电子病历(EHR)，以及通过医用机器人所收集的大量有价值的数据。虽然如此，但利用这些数据来确保更精准的诊断和治疗也不是一件容易的事情。此外，落后的监管和激励结构也影响了人工智能技术在该领域的应用。而体验欠佳的人机交互方式、在大型和复杂系统中部署人工智能技术所固有的困难和风险，也让一些人并未意识到人工智能在医疗保健领域的应用潜力。如果上述障碍被消除，再加上业内的持续创新，相信人工智能技术未来将显著提升人类的健康状况和生活质量。

（一）智慧监管

智能化监管是各国医疗保障监管机构的必然选择。智能化监管结合时间和空间，从患者、疾病、诊疗、医生、医院等多个维度建立医疗就医关系网络，利用机器学习等相关算法，识别其中的欺诈行为和群体。当前美国半数以上的管控型医疗组织机构在实施医疗反欺诈行动中，都通过运用专业的反欺诈信息系统，来帮助稽核人员分析大量的数据和进行前瞻性欺诈调查，以检测和识别不一致的数据或形态等。随着信息技术特别是人工智能技术的不断发展，医疗保障监测逐步走向智能化时代。

我国政府大力支持推广医疗保障智能监管模式，将人工智能技术与“三医联动改革”相结合，在医疗保障监管领域，推动医疗保障智能监管模式在全国范围内进行推广，将所有医疗保障定点医疗机构纳入范围，实现住院和门诊医疗费用 100%智能审核。

（二）手术机器人

机器人是人工智能各类应用中最备受关注的一项应用，国内目前的医疗机器人主要包括手术机器人（包括骨科手术机器人、神经外科手术机器人等）、肠胃检查与诊断机器人（包括胶囊内窥镜、胃镜诊断治疗辅助机器人等）、康复机器人（针对部分丧失运动能力的患者）以及其他用于治疗的机器人（例如智能静脉输液药物配制机器人）。

20多年前，医疗机器人基本上仅存在于科幻场景中。一家名为“Robodoc”的公司(从IBM 分离出来)开发了外科整形机器人，用于臀部或膝关节替换。这项技术确实可行，但这家公司却难以维持生计，最终倒闭，其技术被收购。但近期，外科手术机器人的研究和应用得到了长足发展。

2000年，美国直觉外科（Intuitive Surgical）公司推出了“da Vinci”系统。

该系统最初用于支持微创心脏搭桥手术，后来又在前列腺癌治疗方面取得进展。2003年，直觉外科与当时唯一一家主要竞争对手Computer Motion 公司合并。如今，“da Vinci”系统已经进入第四代产品，被视为腹腔镜手术的护理标准。在每年100多万台手术中，近1/4 都使用了“da Vinci”系统。它不仅提供了一个物理平台，也是一个研究手术程序的新数据平台。“da Vinci”的成功也激发了其他公司进入该领域，例如，Google母公司Alphabet 旗下生命科学部门Verily与制药巨头强生(Johnson & Johnson)合作，共同创立了Verb Surgical 公司，主打机器人手术助手。将来可能会有更多企业进入该市场，并探索不同的细分空间，打造出一个感知、数据分析和自动化生态系统。

直觉外科公司于1995年成立，2000年上市时股价为10美元，2020年8月13日股价为683美元，总市值超过500多亿美元。其中，根据其年度财务报表显示，2019年营收高达44.78亿美元，净利润达到13.79亿美元。过去20年积累的超过500万的实际手术案例，而且这个数字现在正以每年超过80万的数字增加。

展望未来，医疗市场的许多任务都可以通过机器人来完成，但并不是完全自动化。例如，机器人能为医院里的每个房间运送货物，但这需要人类的协助，例如把机器人放在适当的位置上。搀扶患者走路是一项相对简单的任务，尤其是在患者拄拐的情况下。相比之下，帮助患者缝合伤口相对复杂些。但只要一开始把针放在正确的位置上，也不是什么难题。这意味着将来许多机器人系统都需要人机之间的紧密互动，这就需要相应的技术来保障。自动化的发展将为医疗程序带来许多变化。之前，机器人并不是一门数据驱动型科学。

但随着自动化或半自动技术进入医疗市场，这种局面将被打破。随着新的手术、送货和患者护理机器人平台的出现，基于这些平台数据的量化和预测分析也将启动。这些数据可被用于医疗质量评估、识别医疗程序缺陷或错误、或潜在的程序优化，也可被用于提供性能的反馈。简而言之，这些平台将在“治疗和结果之间”建立起关联，形成真正的“闭环”医学。

（三）智能诊疗

辅助诊疗是个宏观概念，凡是为医生疾病诊断与制定治疗方案提供辅助的产品，都可以认为是辅助诊疗产品。其中最典型的是利用医学影像辅助医生进行诊断与治疗。除医学影像以外，“智能+辅助诊疗”的产品还有两大类：

- 医疗大数据辅助诊疗，其中包括基于认知计算、以IBM Watson for Oncology为代表的辅助诊疗解决方案；
- 医疗机器人（这里的“医疗机器人”，指的是针对诊断与治疗环节的机器人，导诊等医院流程环节的机器人不在这里讨论）。

在医疗领域中的虚拟助理，人们通过文字或语音的方式，与机器进行类人级别的交流交互；则属于专用（医用）型虚拟助理，它是基于特定领域的知识系统，通过智能语音技术（包括语音识别、语音合成和声纹识别）和自然语言处理技术（包含自然语言理解与自然语言生成），实现人机交互，目的是解决使用者某一特定的需求。

“虚拟助理”服务，主要解决语音电子病历、智能导诊、智能问诊、推荐用药等需求，并衍生出更多需求的可能性。港德信2016年的一项调查显示，中国50%以上的住院医生平均每天用于写病历的时间超过4小时，相当一部分医生写病历的时间超过7小时；国内部分放射科仍采用传统书写方式，有专门记录员记录医生主诉内容，而后转录入电脑中，效率低下。虚拟助理则能够避免时间浪费，医生的主诉内容可以实时转成文本，录入到HIS、PACS、CIS等医院信息管理软件中，不仅提高了填写病历的效率，而且使医生能够将更多时间和精力用于与患者交流和疾病诊断之中。

2017年智能导诊机器人在各地医院开始落地。机器人是人工智能各大应用中的热门应用，技术相对成熟，资本市场火热。医疗领域的导诊机器人主要基于人脸识别、语音识别、远场识别等技术，通过人机交互，执行包括挂号、科室分布及就医流程引导、身份识别、数据分析、知识普及等功能。从2017年起，导诊机器人产品开始陆续在北京、安徽、湖北、浙江、广州、云南等地的医院、药店中落地使用。

辅助诊疗是基于认知计算、以IBM Watson for Oncology为代表的辅助诊疗解决方案，以及医疗机器。IBM 研发出的超级电脑沃森成为进军医疗的人工智能先锋，它能帮助专业人士做复杂的分析，例如帮助肿瘤医生发现被遗漏的细节。其处理信息提供建议的速度比任何机器都快得多，每秒钟可以处理6000 万页文件。过去，大约有80%的信息是零散的。在医学上，这些信息包括病例记录、医学杂志上的文章以及卫生部门掌握的原始数据。理论上来说，沃森可以让这些数据都派上用场，沃森可以非常准确地判断病情并提出治疗方法。沃森甚至还能提出质疑，当进行诊断并提出治疗方法时，沃森会给出多个备选方案。

（四）智能影像识别与智能多学科会诊

随着计算机技术和医学影像技术的不断进步，医学影像已逐渐由辅助检查手段发展成为现代医学最重要的临床诊断和鉴别诊断方法。医学影像是目前人工智能在医疗领域最热门的应用场景之一。通过计算机视觉，实现病灶识别与标注等多种需求。“医学影像”应用场景下，主要运用计算机视觉技术解决以下三种需求：

- 病灶识别与标注：针对医学影像进行图像分割、特征提取、定量分析、对比分析等工作；
- 靶区自动勾画与自适应放疗：针对肿瘤放疗环节的影像进行处理；
- 影像三维重建：针对手术环节的应用。

我国影像科/放疗科医生供给不足、误诊/漏诊率较高。人工智能与医学影像结合，能够节约时间，提高诊断、放疗及手术精准度。

以往能够供给严重不平衡，影像科/放疗科医生数量不足，尤其是具有丰富临床经验、高质量的医生十分短缺；诊断结果基本由影像科医生目测和经验决定，误诊、漏诊率较高；受限于影像科医生读片速度，以及放疗科医生靶区勾画（一次勾画通常有约200-450张CT片）速度，耗费时间较长。如今，人工智能与医学影像的结合，能够为医生阅片和勾画提供辅助和参考，大大节约医生时间，提高诊断、放疗及手术的精确度。

针对手术环节的影像三维重建，是“智能+医学影像”的又一子场景。早在20世纪90年代起就开始陆续出现影像三维重建产品，但由于存在配准缺陷而使用率不高；随着人工智能的引入，采用进化计算的算法，可以有效解决配准缺陷周期性复发的问题，实现更精准的影像三维重建。目前，该领域的软件主要承载影像重构、3D手术规划的功能，能够最大化自动重构出患者器官真实的3D模型，与3D打印机无缝对接，实现3D实体器官模型的打印。

在3D可视化的环境下，帮助医生进行术前规划，确保手术的顺利进行，推进数字化医疗之个性化、精准化。

按照工业和信息化部《促进新一代人工智能产业发展三年行动计划(2018—2020)》中对医疗影像辅助诊断系统的要求，推动医学影像数据采集标准化与规范化，支持脑、肺、眼、骨、心脑血管、乳腺等典型疾病领域的医学影像辅助诊断技术研发，加快医疗影像辅助诊断系统的产品化及临床辅助应用。到2020年，国内先进的多模态医学影像辅助诊断系统对以上典型疾病的检出率超过95%，假阴性率低于1%，假阳性率低于5%。

（五）智能医学研究

基于人工智能开展大规模基因组识别、蛋白组学、代谢组学等研究和新药研发，推进医药监管智能化；通过基因测序与检测，提前预测疾病发生的风险。“疾病风险预测”场景，是除“医学影像”以外的另一热门应用场景。根据亿欧智库的统计，目前国内共有45家公司提供“疾病风险预测”服务。

从人口层面讲，人工智能可以从数百万患者的临床记录中挖掘出一些有价值的信息或模式，从而提供更加个性化的诊断和治疗。随着基因测序技术的发展，自动发觉“基因型与表型 ”(genotype-phenotype)的关联也将成为可能。传统和非传统的医疗数据，在社交平台的支持下，将来可能会出现自我定义的亚种群(subpopulations，种群在地理上或者其他方面特征突出的群体)。每一个亚种群由周围的医疗服务提供商生态系统来管理，再辅以自动化推荐和监测系统。这些发展有可能极大地改变未来医疗服务的提供方式。同样，从可穿戴设备上自动获取个人环境数据也将推动个性化医疗的发展。

数十年来，图像自动解释也是一项颇具潜力的研究领域。尤其是对大批量未标记图像的解释取得了长足发展，如来自互联网的大型图库。但遗憾的是，对医学图像的解释却并未获得同样的发展。许多医学图像形态(如CT、核磁共振和超声波)本身就是数字格式，并且已被归档，而且也有一些大型传统企业在研究它们，如西门子、飞利浦和通用电气。

疾病风险预测的实现与精准医学的发展有着密不可分的联系。“精准医学”概念最早由美国医学界在2011年提出，其核心是“基因组学”(genomics)

的发展。基因组学是研究生物基因组和如何利用基因的一门学问，最早可追溯到1985年，它是由美国提出，英国、法国、德国、日本以及中国等多国科学家共同参与的，预算达到30亿美元的“人类基因组计划”。该计划通过测定组成人类染色体中所包含的30亿个碱基对组成的核苷酸序列，绘制人类基因组图谱，并且辨识其载有的基因及其序列，达到破译人类遗传信息的最终目的。人类基因组计划的一项重要目标，就是认识疾病产生的机制，从而实现疾病的预测。

基因测序是基因检测的方法之一，只是完成DNA序列的读取；而基因检测是通过杂交、基因测序等方法，确定DNA序列中是否含有特定的一段序列，来明确相关基因的某些功能。

（六）智能制药

人工智能助力缩短新药研发时间，降低研发成本，使低成本、快速研发个性化治疗药物成为可能。

药物挖掘主要完成的是新药研发、老药新用、药物筛选、药物副作用预测、药物跟踪研究等方面的内容。人工智能技术在药物挖掘方面的应用，主要体现于分析化合物的构效关系（即药物的化学结构与药效的关系），以及预测小分子药物晶型结构（同一药物的不同晶型在外观、溶解度、生物有效性等方面可能会有显著不同，从而影响了药物的稳定性、生物利用度及疗效）。

人工智能与药物挖掘的结合，使得新药研发时间大大缩短，研发成本大大降低。这将有可能根本上改变用药“平均”观念，即某种药物在临床使用中对大多数人有效，则认为这种药物对所有人有效。拿肿瘤举例，每位患者的肿瘤基因组均不相同，导致生物学行为有差异，也就导致药物在临床反应中效果不一。而通过低成本、快速的药物挖掘研发个性化治疗药物，将成为可能。目前主要成果体现于抗肿瘤药、心血管药、孤儿药（罕见药）以及经济欠发达地区常见传染病药，其中抗肿瘤药占到1/3。

人工智能可有效解决研发周期长、研发成本高、研发成功率低等痛点。一款新药的研发，要经过化合物研究、临床前研究、临床研究（临床Ⅰ、

Ⅱ、Ⅲ期试验）、SCFDA或CFDA审批后才能够上市。而人工智能技术的引入，则在一定程度上解决这些痛点。例如，在临床前研究环节，把得到活性数据结合化合物结构得到初步构效关系，以指导后续结构优化。若效果不理想，则需要退回上一步，重新合成，非常耗费时间。人工智能则可以提高筛选效率，优化构效关系。此外，在临床试验阶段，寻找匹配的病人参与试验十分耗费时间。而人工智能能够结合医院数据，快速找到符合条件的病人。

人工智能与药物挖掘结合最典型的案例，是硅谷公司Atomwise通过IBM超级计算机，在分子结构数据库中筛选治疗方法，评估出820万种候选化合物，研发成本仅为数千美元，研究周期仅需要几天。2015年，Atomwise基于现有的候选药物，应用人工智能算法，不到一天时间就成功地寻找出能控制埃博拉病毒的两种候选药物，以往类似研究需要耗时数月甚至数年时间。

药物研发具有低效和费时费钱特点，有的新药研发费用超过 1 亿美元，周期长达 8-12年，同时还需要药物化学、计算机化学、分子模型化和分子图示学等多学科配合，因此在智能医疗应用中最具挑战性。目前部分科技公司利用人工智能技术对大量分子数据进行训练来预测候选药物，并分析健康人和患者样品的数据以寻找新的生物标志物和治疗靶标，建立分子模型，预测结合的亲和力并筛选药物性质，有效降低药物开发成本，缩短上市时间并提高新药成功的可能性。

（七）智能监测和防控

人工智能还可以用于加强流行病智能监测和防控。其实人工智能在疾病监测和防控领域的应用已经出现多年，最出名的就是Google于2008年推出的Fluetrends流感预测。Google基于人群的搜索关键字来预测流感，如当人们在Google上搜索温度计、流感症状、肌肉疼痛、胸闷等这样的关键词，当搜索的人群量达到一定规模，基于智能算法就能对流感的趋势进行预测，Google的流感预测准确度甚至一度超过美国疾病防控中心。美国知名连锁药房CVS就利用IBM沃森的技术对药房会员疾病风险进行预测以提供更具针对性的服务。

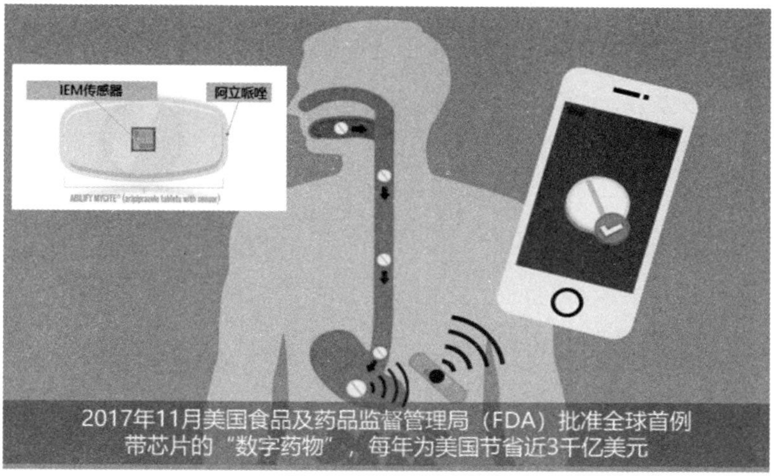

图3-6 数字药物

此外，2017年11月，美国食品及药品监督管理局（FDA）批准全球首例带芯片的“数字药物”，每年为美国节省近3千亿美元。这款数字药物由日本大冢制药公司与美国Proteus Digital Health（普罗透斯）公司联合研制，每隔一定时间间隔将患者服药的效果发送到手机APP中，一方面便于患者了解药效，另一方面便于医院通过对所有患者服药数据的分析，提升医疗水平。

随着“新基建”的发展，智能医疗新模式、新手段将越来越多，快速精准的智能医疗体系将成为可能。随着“新基建”的提速，智慧医院建设，人机协同的手术机器人、智能诊疗助手，研发柔性可穿戴、生物兼容的生理监测系统，研发人机协同临床智能诊疗方案都将实现，医生可以进行智能影像识别、病理分型和智能多学科会诊，制药企业可以基于人工智能开展大规模基因组识别、蛋白组学、代谢组学等研究和新药研发，公共卫生机构可以实现医药监管智能化，实现流行病智能监测和防控。

三、智能健康和养老“即享”高质量生活

智能健康和养老主要是指利用新一代人工智能技术，加强群体智能健康管理，突破健康大数据分析、物联网等关键技术，研发健康管理可穿戴设备和家

庭智能健康检测监测设备，推动健康管理实现从点状监测向连续监测、从短流程管理向长流程管理转变。建设智能养老社区和机构，构建安全便捷的智能化养老基础设施体系。加强老年人产品智能化和智能产品适老化，开发视听辅助设备、物理辅助设备等智能家居养老设备，拓展老年人活动空间。开发面向老年人的移动社交和服务平台、情感陪护助手，提升老年人生活质量。

例如，IBM 投资了一家名为Welltok 的医疗服务公司，并使用沃森帮助开发一款名为“Caf é Well Concierge”的应用。它可以为用户提供健康数据追踪，并通过接入可穿戴数据、健康内容平台等大量数据平台，推荐富有根据的个性化健身项目、食谱等，由沃森提供智力支持的这款应用甚至还能通过与保险公司合作，在用户健康情况好转时给予奖励。

智能健康管理，就是运用人工智能和医疗技术，在健康保健、医疗的科学基础上，建立的一套完善、周密和个性化的服务程序。其目的在于通过维护健康、促进健康等方式帮助健康人群及亚健康人群建立有序健康的生活方式，降低风险状态，远离疾病；而一旦出现临床症状，则通过就医服务的安排，尽快地恢复健康。爱尔兰都柏林的创业公司Nuritas是营养学应用场景中的典型代表。Nuritas将人工智能与生物分子学相结合，进行肽（食品类产品中的某些分子）的识别；根据每个人不同的身体情况，使用特定的肽来激活健康抗菌分子，改变食物成分，消除食物副作用，从而帮助个人预防糖尿病等疾病的发生、杀死抗生素耐药菌。

身体健康管理场景中的运用，主要是通过基因数据、代谢数据和表型（性状）数据的分析，为用户提供饮、食、起、居等各方面的健康生活建议，帮助用户规避患病风险。身体健康管理包含数据获取、数据分析和行为干预三道流程。数据获取方面，基因数据和代谢数据分别依靠基因检测技术和代谢质谱检测技术获取，表型数据则通过智能硬件（包括可穿戴设备、具有用户健康数据采集与记录功能的智能手机设备等）、用户自填获取；引入人工智能技术，对以上数据进行数据分析，进而对用户或患者进行个性化行为干预。

例如，日本松下公司制造的智能化病床可以在老人卧床的情况下，将其中一半的床位转换成一辆轮椅，实现老人更方便地移动；而Cyberdyne公司研发的人体肌肉充气装备，会对佩戴者身上的生物电信号会做出反应，可在护工弯腰或做抬起动作时提供支撑和帮助。

而安装在老人床头的红外感应器，能感知老人的任何姿态的变化，如起身、侧翻等都将被监测并实时传送至终端服务器，而电脑将自动判断老人该动作的含义，并及时向护工通报。而在老人的床垫下，还铺设了睡眠检测仪，可以实时监测老人在床上的心率、意识状态(睡眠还是清醒状态)，这样将大大缓解工作人员的负担。

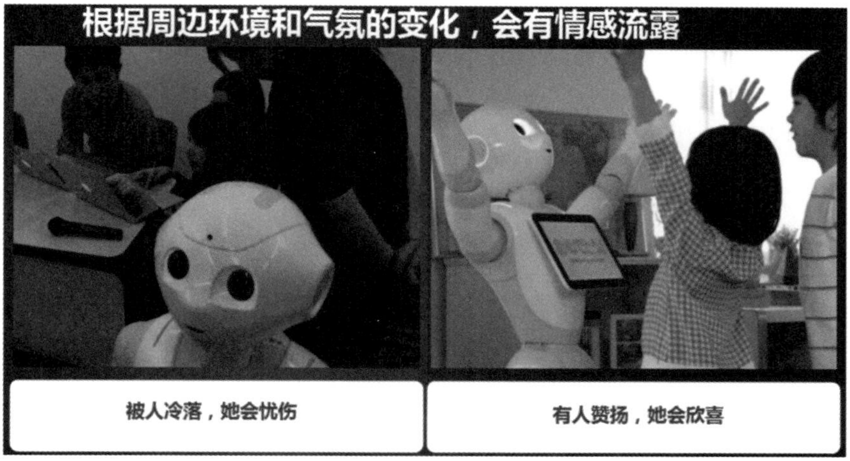

图3-7 智能陪护机器人

进一步讲，养老院引入智能机器人是为了对护理工作有所辅助帮助。如对于年轻人来说，对老年人进行看护是很繁重的工作，所以选择进入养老院的年轻人很少。引入机器人的一个目的是让年轻人觉得在这里工作并不会很繁琐，相反机器人代替了很多人工的劳动力（图3-7）。

毫无疑问，“新基建”的发展，将会围绕提高人民生活水平和质量的目标，加快人工智能深度应用，形成无时不有、无处不在的智能化环境，全社会的智能化水平就将大幅提升。越来越多的简单性、重复性、危险性任务由人工智能完成，个体创造力得到极大发挥，形成更多高质量和高舒适度的就业岗位。精准化智能服务更加丰富多样，人们能够最大限度享受高质量服务和便捷生活。

第三节

城市因之智能

依托5G、人工智能等“新基建”，我们的社会将变得更安全、更高效。在我们的城市中装有很多摄像头，可对车辆、人员、环境进行实时的、高清的监控，保障社会安全。借助5G技术，这些摄像头拍的视频、图像能够及时进行传输，不需进行压缩，极大程度地增加了图像识别的准确率和识别速度。借助5G技术，大规模的物联网技术解决了数据的采集问题，采集的气象水文、地质生态等自然环境数据将大幅增加，生活环境监测和管理水平也将随之提升，实现生活环境的全面数字化，减少环境对人的健康影响。借助5G技术，提升人类对环境的监测和管理能力，极端自然灾害造成的损失将得到控制。借助人工智能和工业互联网等技术，工程作业和制造自动化技术快速升级，使得大规模制造企业可以实现更加智能的制造过程，减少对生产线工作人员的需求。加速产业智能化、自动化的发展，减少对传统劳动密集型劳动力的需求。

2008年，IBM公司提出的“智慧地球”就是旨在将传感器嵌入到电网、铁路、农田、桥梁、隧道、公路、建筑、供水系统以及油气管道等各种物体中，并且被普遍连接，形成“物联网”，然后将“物联网”与现有的互联网整合起来，实现信息系统与物理系统的融合。在此基础上，人类可以以更加精细和动态的方式管理生产和生活，从而达到“智慧”状态。

“智慧城市”是“智慧地球”中的一个重要组成部分，通过物联网、大数据和人工智能等新一代信息技术改变人们交互的方式，提高城市实时信息处理能力及感应与响应速度，增强城市管理业务弹性和连续性，促进社会各项事业的全面和谐发展。

近十年来，发达国家纷纷完善基础设施建设的同时，新兴国家也都在力争构建最高端的智慧城市基础设施。美国、欧洲自不必说，中国、印度、韩国、新加坡等亚洲国家，还有澳大利亚、非洲、南美等地，纷纷致力于研究智能电网下的可再生能源的大规模开发，同时不断启动涵盖电动汽车、节能建筑等高端低碳环保基础设施的智慧城市建设项目，项目数量已经达到数千个。

我国在2014年3月16日发布的《国家新型城镇化规划（2014－2020年）》提出，将在未来一段时期指导全国城镇化发展的顶层设计。其中首次提到“推进智慧城市建设，统筹城市发展的物质资源、信息资源和智力资源利用，推动物联网、云计算、大数据等新一代信息技术创新应用，实现与城市经济社会发展深度融合。”

当然，智慧城市是一个不断演进的发展主题。早期的智慧城市本质在于信息化与城市化的高度融合，是城市信息化向更高阶段发展的表现。如今的智慧城市是人工智能技术使用发展到一定阶段的产物，突出表现在通过5G、人工智能、移动互联网、物联网和云计算等技术的应用，进行明确的顶层设计、通盘的考虑和长远的设想，解决建设过程中各自为政、信息孤岛、大量重复建设、业务无法协同等一系列问题，从而建立起城市生产方式、生活方式、交换方式、公共服务、政府决策、市政管理、社会民生的崭新现代城市运行模式。

智慧城市的实践很多是在大数据智能的基础上进行的。大数据智能支持模型包括多样性数据采集、建立结构化数据知识信息库及数据的可视化表达。大数据智能在城市中的应用也是最为广泛和重要的。首先通过传感器、摄像头和GPS等监测技术全面监测城市数据，然后对一些非结构化数据进行深度挖掘以最大程度地收集数据，并对数据进行全盘分析，判断每一种决策和行动带来的结果和价值，选取能产生最大价值或最优结果的决策和行动，从而能对整个过程的决策和行为做出科学的规划，提升城市服务水平，改善城市治理手段和方式，进而提升城市综合服务能力。例如，基于道路交通网络数据的智能交通调配，通过充分挖掘交通数据并进行智能分析，进而对交通事故、交通拥堵等问题进行科学的预测，及时地调整交通信号，可以有效改善城市的交通环境。

智慧城市是跨媒体智能的典型应用之一。跨媒体智能理论研究主要围绕跨媒体感知计算理论展开，通过将视、听、语言等感知通道把外部世界转换为内部模型，实现智能感知，再通过数据处理和特征提取分析使人们更加了解城市的运行规律，为城市的发展情况预测和设计提供理论支持，有助于更好地调配公共资源。例如，可以通过提取人群的表情、肢体动作和散发出的气味来判断城市空间究竟是积极的还是消极的，更准确地判断参与者在场所中的感受，从而通过研究城市全维度智能感知推理引擎，实现对人、车、物及事件等的多维度、跨时空协同感知和综合推理。

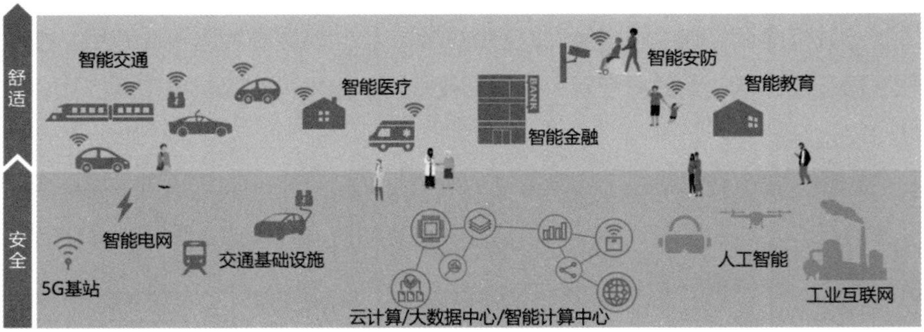

图3-8 智慧城市

在“新基建”和城市创新生态的双向驱动下，无人驾驶、智能物流和电网有望提速发展，物联网、云服务、智能制造将逐步铺设，智能家居、智慧医疗、高速通勤塑造全新都市生活圈（图3-8）。

以北京版“新基建”为例，通过“新基建”的发展，将带来许多智慧城市应用，无不是与5G、人工智能、物联网、大数据等新一代信息通信技术实现的融合基础设施。例如：

1.聚焦交通、环境、安全等场景，提高城市智能感知能力和运行保障水平。

2.实施智慧交通提升行动计划，开展交通设施改造升级，构建先进的交通信息基础设施。

3.2020年内推进1148处智能化灯控路口、2851处信号灯升级改造，开展100处重要路口交通信号灯配时优化，组织实施10条道路信号灯绿波带建设，到2022年实现城区重点路口全覆盖。

4.推进人、车、桩、网协调发展，制定充电桩优化布局方案，增加老旧小区、交通枢纽等区域充电桩建设数量。

5.到2022年新建不少于5万个电动汽车充电桩，建设100个左右换电站。建立机动车和非道路移动机械排放污染防治数据信息传输系统及动态共享数据库。

6.建设“一库一图一网一端”的城市管理综合执法平台，实现市区街三级执法联动。

7.完善城市视频监测体系，提高视频监控覆盖率及智能巡检能力。

8.加快建设智能场馆、智能冬奥村、“一个APP”等示范项目，打造“科技冬奥”。

9.加快推动冬奥云转播中心建设，促进8K超高清在冬奥会及测试赛上的应用。

第四节

国家因之强盛

回顾历史，“新基建”深刻地影响了世界经济发展和大国兴衰。18世纪，英国通过造船、航海等当时的“新基建”引领了全球第一次工业革命，造就了英国的“日不落帝国”称号。19世纪，美国大规模超前建设铁路等当时的“新基建”，加速了工业化和城市化进程，引领了全球第二次工业革命，取代了英国而称霸全球。19世纪及20世纪前半期，铁路一直是美国最重要的交通运输方式。1830—1915年，美国铁路里程以每年约5500千米的速度增长，在南北战争爆发时，美国铁路总里程只有4.8万千米，而1900年已达到30多万千米，超过了欧洲各国铁路的总里程，几乎占全世界铁路里程的一半。20世纪90年代的美国，信息高速公路是当时最大的“新基建”，成就了美国在互联网经济时代的领先优势。1993年，克林顿政府推出“信息高速公路计划”，计划投资4000亿美元，用20年时间，逐步将电信光缆铺设到所有家庭用户；1994年，提出建设全球信息基础设施，通过卫星通信和电信光缆连通全球信息网络，形成信息共享的竞争机制。随后培育出了微软、谷歌、苹果等全球高科技巨头，主导着当今计算机、通信、互联网领域的发展潮流，具备强大的半导体、微处理器、计算机和通信设备的制造与研发能力……

改革开放40多年来，我国也是大规模超前基础设施建设的受益者。没有适度超前的“新基建”，就不会有中国制造的强大竞争力；没有超前的网络宽带建设，就不会有互联网经济的繁荣发展；没有4G，就不会有抖音、快手、微信、拼多多、滴滴专车……长期以来，正是我国不断进行大规模超前的“新基建”，才能成功培育了一批批新经济、新技术、新动能，在移动支付、电子商务、新零售、人工智能、共享经济、5G等领域处于国际领先地位，催生出阿里巴巴、腾讯、华为等世界级科技巨头，全球新经济独角兽企业数量也仅次于美国……

回顾18世纪第一次工业革命以来，300年间我国从未如此近距离接触工业革命。第一次工业革命是机械取代人力，第二次工业革命是自动取代手动，第三次工业革命使得制造业迎来信息技术和自动化。从全球来看，制造业比重继续增长。制造业产值约占16%的全球GDP（国内生产总值），以及14%的就业机会。而前三次工业革命我国并未搭边，直到改革开放以来的40多年，中国经济经历了接近10%的高速增长阶段，其中制造业是我国经济高速增长的引擎。目前，我国尚处于工业化进程的中后期，制造业创造了GDP总量的1/3，贡献了出口总额的90%。未来几十年，制造业仍将是我国经济的支柱产业。

落后的人力劳动已经无法满足现代化制造业的需求，一些发达国家很早就开始投入自动化技术去提升生产力。使得最近几十年以来，随着各种产品的信息化、数字化和网络化，制造业本身的生产结构也变得更复杂、更精细、更自动。因生产线和生产设备内部的信息流量，以及管理工作的数据剧增，以往的自动化系统在信息处理能力、效率和规模上都已经难以满足制造业的更高需求。新一代信息技术的应用在一定程度上解决了这一难题。

当今，全球正在出现以互联网为代表的新一轮工业革命创新浪潮。而变革的核心也是互联网等新一代信息通信技术的应用。当新的形态开始注入制造业领域时，一个全新的挑战也随之开始。那就是让制造业由机械化、电气化、数字化转向网络化、数字化和智能制造的挑战。

“新基建”是未来新经济、新技术、新产业的基础设施支撑，是大国竞争的关键胜负手。“新基建”涵盖5G、数据中心、人工智能、区块链等科技领域，以及与传统基础设施的融合领域。这些领域发展空间巨大，增长迅速，经济社会效益显著，对上下游行业的带动性强，在未来经济社会发展中将担当大任（图3–9）。

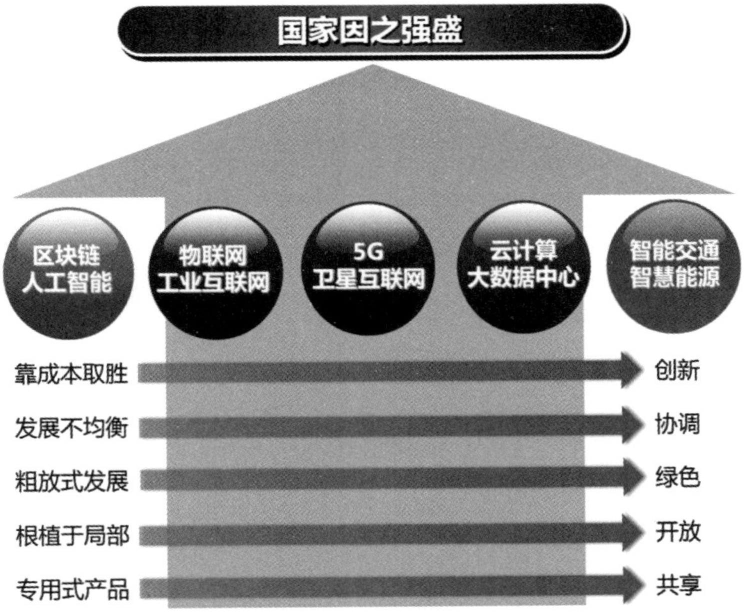

图3-9 新基建之五大发展理念

“新基建”涉及的重点领域都是面向未来的“硬核力量”，背后蕴藏着巨大的投资和消费市场，是中国经济增长的新活力。以5G为例，未来5G将以万亿美元级的投资拉动十万亿美元级的下游经济价值。中国移动通信行业经历了1G空白、2G落后、3G追随、4G同步的发展历程。今天我们终于在5G时代走在了前沿，在标准制定、产业链配套等方面拥有了话语权。新型信息基础设施为智能经济的发展和产业数字化转型提供了底层支撑。5G与云计算、大数据、物联网、人工智能等领域深度融合，将形成新一代信息基础设施的核心能力。

新一轮工业革命到来之际，发展中国家或许不会一步一步沿袭发达国家工业转型升级的进化路线，而是借助新一轮工业革命的历史性机遇，实现跨越式发展，甚至赶超。所以说，制造业基础尚未巩固的一些发展中国家也有机会一跃而成新一轮工业革命的主角—中国也是如此。

无论是发达国家，还是发展中国家，无论是大企业，还是中小企业，都希望应用互联网升级制造业，实现智能化、智能制造。新一轮工业革命在全世界同时发生，许多国家都想搭乘这趟高铁，挤进第一集团。载人航天、载人深潜、大型飞机、北斗卫星导航、超级计算机、高铁装备、百万千瓦级发电装备、万米深海石油钻探设备等一批重大技术装备取得突破，形成了若干具有国际竞争力的优势产业和骨干企业，我国已具备了建设工业强国的基础和条件。

如今，高铁，我国已经处于全球领先行列；互联网，我国也仅次于美国。美国著名风险投资人吉姆•布雷耶(Jim Breyer)在2014年底曾说过：“今后5年，全球最大的IT企业将是Facebook、Google、Apple、Amazon和腾讯、阿里巴巴、百度。”纵观德国工业4.0、美国工业互联网，我们可以发现，新一轮工业革命恰恰是以互联网为核心的智能制造。

可以说，第四次工业革命，中国将无限接近（图3–10）！

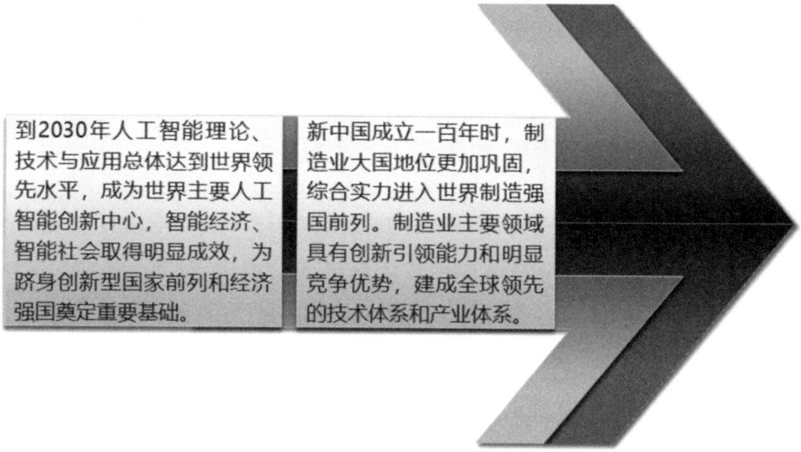

图3-10 新基建实现智能强国和工业强国

展望未来，我国到2030年人工智能理论、技术与应用总体达到世界领先水平，成为世界主要人工智能创新中心。智能经济、智能社会取得明显成效，为跻身创新型国家前列和经济强国奠定重要基础。

展望未来，新中国成立100年时，制造业大国地位更加巩固，综合实力进入世界制造强国前列。制造业主要领域具有创新引领能力和明显竞争优势，建成全球领先的技术体系和产业体系。

展望未来，“新基建”的顺利落实也能为中国带来更多可能和新的机遇。随着基建铺设和创新带动，智能制造、智慧城市、智能社会的场景将逐渐被勾画出来。看似遥远的数字中国，随着“新基建”的快速推进，正大步向我们走来……

附录

中央重要会议密集部署“新基建”一览表

2018 年 12 月 19 日	习近平总书记在中央经济工作会议上强调，加快 5G 商用步伐，加强人工智能、工业互联网、物联网等新型基础设施建设。
2019 年 5 月 14 日	李克强主持召开国务院常务会议强调，把工业互联网等新型基础设施建设与制造业技术进步有机结合。
2019 年 7 月 30 日	习近平总书记主持召开中共中央政治局会议强调，稳定制造业投资，实施城镇老旧小区改造、城市停车场、城乡冷链物流设施建设等补短板工程，加快推进信息网络等新型基础设施建设。
2020 年 1 月 3 日	李克强总理主持召开国务院常务会议指出，大力发展先进制造业，出台信息网络等新型基础设施投资支持政策，推进智能、绿色制造。
2020 年 2 月 14 日	习近平总书记主持召开中央全面深化改革委员会第十二次会议，审议通过了《关于推动基础设施高质量发展的意见》，强调基础设施是经济社会发展的重要支撑，要以整体优化、协同融合为导向，统筹存量和增量、传统和新型基础设施发展，打造集约高效、经济适用、智能绿色、安全可靠的现代化基础设施体系。
2020 年 3 月 4 日	习近平总书记主持中共中央政治局常务委员会会议强调，加快 5G 网络、数据中心等新型基础设施建设进度。
2020 年 4 月 17 日	习近平总书记主持召开中共中央政治局会议强调，要积极扩大有效投资，实施老旧小区改造，加强传统基础设施和新型基础设施投资，促进传统产业改造升级，扩大战略性新兴产业投资。

2020 年 4 月 28 日	李克强总理主持召开国务院常务会议指出，按照党中央、国务院部署，加快信息网络等新型基础设施建设，以“一业带百业”，既助力产业升级、培育新动能，又带动创业就业，利当前惠长远。
2020 年 4 月 29 日	习近平总书记主持召开中共中央政治局常务委员会会议强调，要启动一批重大项目，加快传统基础设施和 5G、人工智能等新型基础设施建设。
2020 年 5 月 22 日	李克强总理在第十三届全国人民代表大会第三次会议上作政府工作报告指出，重点支持既促消费惠民生又调结构增后劲的“两新一重”建设，主要是：加强新型基础设施建设，发展新一代信息网络，拓展 5G 应用，建设数据中心，增加充电桩、换电站等设施，推广新能源汽车，激发新消费需求、助力产业升级；加强新型城镇化建设；加强交通、水利等重大工程建设。
2020 年 5 月 22 日	国家发展和改革委员会关于 2019 年国民经济和社会发展计划执行情况与 2020 年国民经济和社会发展计划草案的报告指出，出台推动新型基础设施建设的相关政策文件，推进 5G、物联网、车联网、工业互联网、人工智能、一体化大数据中心等新型基础设施投资。
2020 年 7 月 30 日	习近平总书记主持召开中共中央政治局会议强调，要加快新型基础设施建设，深入推进重大区域发展战略，加快国家重大战略项目实施步伐。

参考文献

[1] 中国政府网 . 新一代人工智能发展规划 [A/OL]. (2017−07−20) [2020−04−22]. http://www.gov.cn/zhengce/content/2017−07/20/content_5211996.htm

[2] 工业和信息化部 . 促进新一代人工智能产业发展三年行动计划（2018−2020 年） [A/OL]. (2017−12−14) [2020−04−22]. http://www.miit.gov.cn/n1146285/n1146352/n3054355/n3057497/n3057498/c5960779/content.html

[3] 工业和信息化部 . 汽车产业中长期发展规划 [A/OL]. (2017−04−25) [2020−05−22]. http://www.miit.gov.cn/n1146295/n1652858/n1652930/n3757018/c5600356/content.html

[4] 中国政府网 . 关于加快推进虚拟现实产业发展的指导意见 [A/OL]. (2018−12−25) [2020−05−22]. http://www.miit.gov.cn/n1146285/n1146352/n3054355/n3057643/n3057649/c6559691/content.html

[5] 新华网 .“十三五”汽车工业发展规划意见 [A/OL]. (2017−04−06) [2020−05−27]. http://www.xinhuanet.com//auto/2017−04/25/c_1120869697.htm

[6] 艾瑞咨询 . 中国 AI+ 安防行业发展研究报告（2019 年）[R/OL]. (2019−02−02) [2020−05−30].https://www.iresearch.com.cn/Detail/report?id=3327&isfree=0

[7] 艾瑞咨询 . 中国数据心行业发展洞察（2020 年）[R/OL]. (2020−04−01) [2020−05−30]. http://report.iresearch.cn/wx/report.aspx?id=3566

[8] 国家制造强国建设战略咨询委员会 . 智能制造 [M]. 北京：电子工业出版社 . 2015−05−01

[9] 德勤 . 智能工厂：响应度高、适应性强的互联制造 [R/OL]. (2018−01−29)

[2020-05-30].http://www.sohu.com/a/219628311_204078

[10] 德勤．中国智慧物流发展报告 [R/OL]. (2018-02-06) [2020-06-30].http://www.sohu.com/a/221277587_99935012

[11] 安信证券．人工智能：现代科学皇冠上的明珠 [R/OL]. (2015-09-09) [2020-06-30].https://wenku.baidu.com/view/7372cd0d53d380eb6294dd88d0d233d4b14e3f69.html

[12] 武慧君，邱灿红．人工智能 2.0 时代可持续发展城市的规划应对 [J]．规划师，2018(11)：34-39.

[13] 斯坦福大学．2030 年人工智能与生命 [EB/OL]. (2018-08-21) [2020-06-30]. https://www.jianshu.com/p/4dbca93f30c7

[14] 上海市政府网．上海市推进新型基础设施建设行动方案（2020-2022 年）[A/OL]. (2020-05-12) [2020-07-05]. http://www.shanghai.gov.cn/nw2/nw2314/nw2319/nw12344/u26aw64893.html

[15] 北京市政府网．北京市加快新型基础设施建设行动方案 (2020-2022 年）[A/OL]. (2020-06-10) [2020-07-05]. http://www.beijing.gov.cn/shipin/szfxwfbh/19766.html

[16] 重庆市政府网．重庆市新型基础设施重大项目建设行动方案 (2020-2022 年）[A/OL]. (2020-06-19) [2020-07-05]. http://wap.cq.gov.cn/zwgk/fdzdgknr/lzyj/xzgfxwj/szf_38655/202006/t20200619_7592738.html

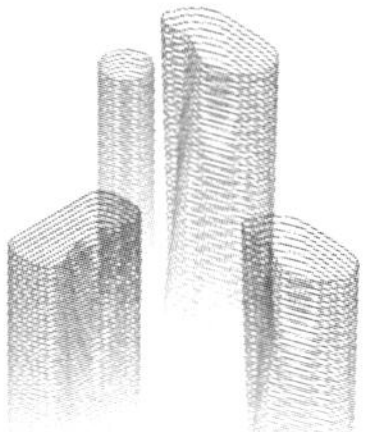

后 记

新基建一张蓝图绘到底 产融商凝心聚力抓落实

冬天，有人被消灭。

冬天，有人选择冬眠。

冬天，有人选择打猎。

没有局势判断能力、没有坚定信仰，在这场新冠肺炎疫情中选择冬眠，必将错过低位布局机会。唯有及时的政策、稳健的策略，才有机会捕获诱人的猎物，才有机会迎来更大的发展。

“新基建”是一张蓝图，如何落实则需要产业、金融和商业诸多方面的凝心聚力。产融商结合是让金融机构改变单向金融服务为“产业是基础，金融是工具，双赢是结果”的互动模式，呈现出产业与金融、商业的深度融合，共生、共赢的新局面。

正是因为产业转型升级的难度，所以注定很多企业无法靠自身完成升级。所以产业升级不单需要“融智”“融资”，还需要“商业化”以实现“合纵连横”。产融商结合就是要按照促进国家战略与市场机制有机结合的原则，通过以市场化手段解决产业重点领域和重大项目的融资难问题。在传统产业方面，支持产业自主创新、重组整合及升级改造；在新兴产业方面，聚焦以 5G 和人工智能为代表的新一代信息通信技术以及智能交通、智慧能源等产业。

服务“新基建”发展，布局“新产业”未来是资本市场使命和职责所在，金融机构如果能进一步改革完善资本市场制度规则，努力提升证券行业专业化服务能力，那么就能打通产业发展、科技创新、金融服务生态链，形成产融结合、良性互促的发展格局。预计未来 10 年，在国家倡导金融支持实体经济的当下，专注服务于产融结合的金融机构将收获巨大的发展机遇，产融结合模式也将形成全新的战略格局，迎来发展的黄金时期。

“新基建”时代，对于投资和金融机构而言，首先是积极创新金融产品和金融服务。开发面向“新基建”战略、推动“新产业”发展的金融产品，创新服务 5G、物联网、工业互联网、卫星互联网、人工智能、云计算、区块链、数据中心、智能计算中心等十大领域。其次是积极探索各类基金合作的模式。设立面向“新基建”的产业投资基金、创业投资基金、产业兼并重组基金等，引导产业资本、金融资本、社会资本支持本地区重点“新产业”发展。再次是积极创新财政金融有效互动的模式。鼓励地方政府以财政资金为引导，综合运用贷款贴息、奖励、风险补偿、担保费用补贴等方式，引导金融机构加大对重点企业和重点项目的融资支持。最后是积极完善产业链金融服务。支持大企业设立产业创投基金，为产业链上下游中小微企业以及创业者提供资金支持。发挥大型企业集团财务公司作用，为本集团成员单位提供金融服务。

冬天，正是打猎的时候。沉舟侧畔千帆过，病树前头万木春。运用商业化运作的先进投资理念，将会助推“新基建”及时有效地落地，将会助力更多企业和个人在“新基建”时代获取更多的空间与机遇。

FBI（Finance、Business、Industry）模式是本书作者独创的产业投资理论，重在深度思考产业、商业和金融的关系，并践行绿色可持续投资理念，通过以人工智能产业投资为核心、构建具有世界竞争力的产业财团，不辜负亲爱的祖国和这个伟大的时代。

“新基建”建设需要进一步开拓思路、更新理念，落点布局一批示范作用强、带动效应大的新型基础设施重大项目，全力推进前期工作，加速推动开工建设，进一步扩大有效投资，培育新的增长点。

“新基建”是技术创新的结果，新需求是时代的新变化，新服务是经济社会升级后的新生活，新金融是产业孵化新技术、开发新需求、创新服务的动力源。在金融和商业创新发展的助推下，大力推广“新基建”，将改变传统产业，形成新经济形态。而新经济形态的出现，将让我们获得未来的均衡、可持续发展的机会。

我们相信，在国家决心大规模开展“新基建”，倡导金融支持实体经济的当下，由政府和市场一起来干，或者政府支持市场企业来干，政府、市场和企业相互地配合支持，就能够共同发挥作用，带动实体经济转型升级、推动高质量发展。

市场能干的尽可能交给市场，更有效率。政府提供财税、金融、产业等基础支持，创新机制、营造生态，凝聚新型基础设施重大项目建设社会合力。当然，还需要持续加强“新基建”产业研究，建立重大项目滚动实施机制，深化“新基建”项目投融资体制改革，调动社会资本的积极性，推动政府与社会资本合作，深化行政审批制度改革，完善部门联动机制，切实做好项目建设用地、数据资源、资金、电力等要素保障，为“新基建”建设营造良好环境、凝聚建设合力。

同样祝愿，专注服务于产业、帮助产业发展的企业、金融机构与投资人能够在“新基建”时代收获巨大的发展机遇。